KB043270

정당이 살아야
민주주의가 산다

정당이 살아야
민주주의가 산다

초판 1쇄 발행 2015년 12월 31일

지은이 윤종빈 외 | 미래정치연구소

펴낸이 김선기

펴낸곳 (주)푸른길

출판등록 1996년 4월 12일 제16-1292호

주소 (08377) 서울시 구로구 디지털로 33길 48 대륭포스트타워 7차 1008호

전화 02-523-2907, 6942-9570~2

팩스 02-523-2951

이메일 purungilbook@naver.com

홈페이지 www.purungil.co.kr

ISBN 978-89-6291-303-3 93340

*이 도서의 국립중앙도서관 출판시도서목록(CIP)은 e-CIP홈페이지(http://www.nl.go.kr/ecip)와 국가자료공동목록시스템(http://www.nl.go.kr/kolisnet)에서 이용하실 수 있습니다.(CIP제어번호: CIP2015034772)

이 저서는 2013년 정부(교육부)의 재원으로 한국연구재단의 지원을 받아 수행된 연구임(NRF-2013S1A3A2042859).

미래정치연구소 학술 총서 시리즈 02

정당이 살아야 민주주의가 산다

윤종빈 외 | 미래정치연구소 편

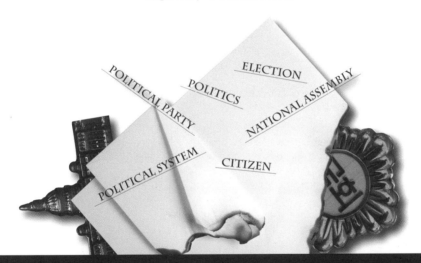

윤종빈 외 | 미래정치연구소 편

푸른길

차례

한국사회는 급격한 정치변동의 소용돌이 속에 있다. 역사적으로 짧은 민주주의의 경험에도 불구하고 경제는 물론 시민사회 또한 압축적인 성장을 이룩하였다. 단기간의 놀랄 만한 경제성장을 기반으로 시민사회의 욕구는 급속도로 팽창했고 이에 적절히 반응하지 못했던 정권들은 쉽게 정통성의 위기를 맞기도 했다. 어쩌면 아직도 한국사회에는 1987년 민주화 이후 추진되었던 진정한 의미의 절차적, 제도적 민주주의가 제대로 정착되지 못했다고 보는 것이 좀 더 솔직하고 객관적인 평가라고 생각된다. 실제로 우리의 정치제도는 시민의 다양한 요구와 불만을 수용할 만큼 세련되게 디자인되지 못했고 결과적으로 성공한 정부와 성공한 대통령을 탄생시키는 데 어려움을 겪고 있다.

이 책은 한국사회, 한국 정치의 위기가 정당정치의 위기에서 시작되었다는 믿음에서 출발하였다. 한국 대의민주주의의 위기는 근본적으로 정치와 시민 사이의 간극에 그 원인이 있으며, 이러한 간극을 메우는 주체적인 역할은 정당이 해야 한다는 시각에서 서술하고 있다. 현재 한국사회는 이념의 양극화, 극단적인 대결의 정치에 매몰되어 통합이 아닌 분열의 늪에서 헤어나지 못하고 있다. 그 이유는 정당이 시민과 소통하지 못하고 점차 일체감을 잃어버려 대표기능을 상실했기 때문이다. 따라서 시민의 정당일체감 약화, 정치참여 회피, 정치불신 고조 등의 주된 원인인 정당이 위기 해소의 주체가 되어야 한다. 소수 정치지도자의 리더십과 시민사회의 개입으로는 해결될 수 없는 어려운 과제이다. 우리는 이 책이 양극화된 한국사회를 치유하고 근본적으로 통합하기 위해서 정당이 시민에 대한 대표기능을 제대로 수행해야 한다는 사실을 사회적으로 공론화하는 출발점이 되기를 기대하고 있다.

이 책은 크게 4개의 영역으로 나누어져 있다. 우선 제1부는 한국 정당의 현주소와 위기를 진단하고, 제2부는 한국 정당개혁의 과거 경험을 되짚어 보고 미래를 진단하는 내용을 담고 있다. 제3부는 한국 정치의 가장 근본적인 문제점인 신뢰의 문제와 해소 방안을 다루고 있으며, 제4부는 해외 정당의 시민-유권자 소통의 전략을 소개하고 우리에게 주는 시사점을 발굴한다.

제1부의 첫 번째 글인 "기로에 선 한국 정당: 위기와 기회(윤종빈)"는 한국 정당의 현주소와 정당정치 위기의 발생 원인을 진단하고 위기를 극복하기 위해 무엇을 개혁해야 하는지, 이러한 개혁의 과제는 장기적으로 어떠한 한국적 정당모델을 지향해야 하는지를 논의한다. 정당개혁의 과제로 정치권의 기득권 내려놓기를 통한 신뢰 회복, 정당일체감 제고를 위한

노력, 새로운 네트워크 소통 방식으로 무장한 유권자에 대한 반응성 제고, 정당의 체질 개선을 제시한다.

두 번째 글인 "한국적 정당모델의 방향성(임성학)"은 한국적 정당모델에 관한 기존의 연구와 대안들을 살펴보고 한국적 정당모델을 위한 조건과 환경을 제시한다. 저자가 제시한 다섯 가지 조건은 정당에 대한 인식 변화, 시민-정당 연계 강화, 다양한 정당모델이 경쟁할 수 있는 정치환경 조성, 정당정치의 제도적 일관성 강화, 다층적인 접근의 필요성 등이다.

세 번째 글인 "정당체제, 선거제도, 거버넌스(장훈):비례제 국회의원 선거제도가 2016년에 도입 가능성이 낮은 이론적 이유"는 제도 변동에 관한 비교정치학적 틀 아래에서 비례대표제 도입의 가능성을 검토한다. 20대 총선을 수개월 앞둔 시점에서 주요 정치세력 사이의 게임의 규칙을 획기적으로 변경하는 선거제도 변화는 쉽지 않다고 결론 내린다. 그 이유로는 변화의 추동력이 될 수 있는 기성 체제의 전면적 위기가 감지되지 않고 있고, 비례대표제가 개혁의 목적인 지역주의 해소와 군소 정당의 진입장벽 완화의 명백한 대안으로 보기 어렵다는 주장을 제시한다. 또한 제도권 내의 여러 정치세력의 합의가 쉽지 않기 때문으로 본다.

제2부의 첫 번째 글인 "정치개혁 되돌아보기: 정당후원회 폐지의 정치적 결과(강원택)"는 2004년 정치관계법 개정이 결과적으로는 주요 거대 정당들의 정치적 카르텔의 강화에 기여했다고 지적한다. 정치개혁을 명분으로 정당후원회 제도를 폐지했지만 국고보조금 제도의 확충과 고착을 통해 폐쇄적 카르텔정당 구조가 가능했다고 분석한다.

두 번째 글인 "정보화시대 새로운 유권자-정치인 연계 방식: 「노사모」

의 특징(김용호)"은 2002년에 등장한 노사모를 시민단체가 아닌 정치단체라고 규정하고 비록 그들이 정치적 한계를 보였지만 새로운 형태의 유권자-정치인 연계 방식이라는 점에서 의의를 찾는다.

세 번째 글인 "오픈프라이머리와 정당, 당원 그리고 유권자(손병권)"는 오픈프라이머리를 둘러싼 논쟁을 정리하고 미국의 오픈프라이머리를 소개한다. 그리고 장단점에 대한 고찰을 통해 한국 정치에서 오픈프라이머리의 가능성과 한계를 조명해 본다.

네 번째 글인 "아날로그 정당과 네트워크 유권자: '제도 지체' 현상에 대한 고민(윤성이)"은 정보통신기술의 발전으로 뉴미디어를 통한 소통과 참여에 익숙한 유권자를 아날로그 소통 방식에 머물러 있는 정당이 대표하지 못하는 한계를 지적한다. 이러한 현상을 '제도 지체'라고 표현하며 정당이 디지털네트워크 기술의 활용을 통해 유권자 맞춤형 정당으로 거듭나야 대의민주주의 위기가 극복될 수 있다고 본다.

다섯 번째 글인 "융합형 정당의 딜레마: 선거 경험의 공유(장우영)"는 필자가 관찰한 2012년 대선에서의 민주통합당 선거캠페인 사례를 통해 온-오프라인 융합과 정당-시민 융합의 가능성과 한계를 조명한다. 이러한 융합이 과연 대의정치의 신뢰와 책임성을 복원할 수 있을지에 대한 의문을 제기하며 사회적 합의가 선행되어야 함을 강조한다.

제3부의 첫 번째 글인 "정치신뢰와 정당지지(서현진)"는 한국사회의 정치불신의 현주소를 진단한 후 정치불신이 정당지지와 연관성이 높다는 것을 보여 준다. 또한 정치불신이 의회정치와도 밀접한 관련이 있다는 점을 강조하며 정치불신 해소의 시급함을 호소한다.

두 번째 글인 "정치불신의 사회적 기원(장승진)"은 앞선 글과 같이 한국 사회의 정치적 불신의 심각함을 진단하고 이를 해소하기 위해서는 사회적 원인, 즉 경제적 불평등과 양극화의 해소가 중요하다는 다소 독창적인 접근을 제시한다.

세 번째 글인 "소수자 이슈와 정당정치(정회옥)"는 한국 정치에서 그동안 상대적으로 주목을 덜 받았던 소수자 이슈가 민주주의와 근원적으로 충돌할 가능성을 제기하며 정치제도에 의한 조정이 필요함을 주장한다. 특히 주요 정당들의 외국인 및 이민 정책, 동성애 정책의 차이를 분석해 향후 이러한 이슈에 대하여 정당과 유권자의 연계 노력이 필요함을 강조한다.

제4부에서는 해외 정당의 유권자와의 소통 전략을 소개한다. 첫 번째 글인 "정치불신의 시대 속 정당의 생존 전략: 미국 정당정치의 경험(유성진)"은 미국 정당들이 1970년대 이후에 정치적 양극화와 정당불신을 극복하고 생존하기 위해 '티파티 운동'과 '월가 점령 운동' 같은 새로운 형태의 정치참여와의 조화와 반응을 시도하고 있다고 설명한다. 미국의 경험에서와 같이 위기는 새로운 재도약의 기회가 될 수 있다는 점을 강조한다.

두 번째 글인 "일본 자민당의 후견주의 약화와 정당−유권자 연계(한의석)"는 일본 자민당의 사례와 같이 후견주의의 약화와 강경 이념, 정책 노선의 카리스마적 연계의 등장은 정당정치의 불안정성과 선거 유동성의 증가를 가져온다고 우려한다.

세 번째 글인 "동유럽 국가의 민주주의와 정당정치(박경미)"는 그동안 우리의 정당연구가 지나치게 서구 민주주의 국가에 머물렀던 점을 반성

정당이 살아야 **민주주의**가 산다

하며, 공산주의에서 민주주의로 체제를 전환한 동유럽의 경험이 한국 정당정치에 많은 시사점을 줄 수 있을 것으로 기대한다.

네 번째 글인 "유권자와 지지정당의 선호 격차: 유럽연합의 사례(한정훈)"는 동유럽 국가의 유럽통합에 대한 사례에서와 같이 유권자와 정당들의 이슈에 대한 선호 격차의 발생은 대의제 민주주의의 위기를 가져올 가능성이 높다는 것을 보여 준다.

이 책은 2013년 9월에 연구를 시작한 명지대 SSK팀의 연구 성과이자 한국 정당정치의 저명한 전문가들이 힘을 합쳐 만들어 낸 결실이다. 그동안 수많은 한국 정치, 한국 정당 관련 단행본들이 출판되었지만 한국 정당정치의 다양한 쟁점을 다수의 학자들이 이처럼 포괄적으로 다룬 것은 찾아보기 어렵다. 또한 대부분의 기존 단행본들은 일반 대중과의 소통은 염두에 두지 않았고, 전문가들에게만 읽혀지는 그야말로 전문 학술도서에 머물러 한국 정당정치의 위기에 대한 사회적 공감대를 만들어 내지 못했다. 그래서 이 책의 기획 단계에서 학술논문 형식이 아닌 전문적 식견을 담은 에세이 형식의 짧은 원고를 요청하였다.

이러한 문제의식에 대해 한국 정치학계를 대표하는 다수의 저명한 선후배 교수님들이 공감해 여름 동안 두 차례의 학술회의를 거쳐 집필 방향의 공감대를 형성한 후 공동 작업의 성과가 빛을 보게 되었다. 이 책은 학술적 이론과 정치 현실을 접목해 대중과의 소통을 시도하는 최초의 전문가 집단의 공동 저작이라는 점에서 큰 의의를 가진다고 자부하는 바이다. 이 책의 출판을 흔쾌히 동의해 주신 푸른길의 김선기 대표님께 진심으로 감사의 마음을 전한다. 정당정치에 대한 전문가적 분석을 통해서 대중과 소통하려는 노력이 성공해 조금이나마 마음의 빚을 갚을 수 있기를 기대한다. 그리고 지난 2년 반 동안 연구 성과에 대한 연구책임자의 소심하고 치사한 압박에도 흔쾌히 헌신적인 참여를 해 주신 정회옥 교수님을 비롯한 명지대 SSK팀 공동연구원 선생님들께도 존경과 감사의 마음을 전한다. 또한 바쁘신 와중에도 연구 취지에 공감해 주시고 세미나와 집필에 참여해 주신 김용호(인하대) 교수님을 비롯한 선배·동료 교수님들께도 다시한번 머리 숙여 감사드린다. 마지막으로 미래정치연구소 연구원으로 SSK팀 작업에 참여해 궂은일을 마다하지 않은 명지대 대학원생 김윤실·김진주 양과 많은 학부생 연구보조원들에게도 감사의 마음을 전한다.

2015년 12월
저자들을 대신하여, 윤종빈

정당이 살아야 **민주주의**가 산다

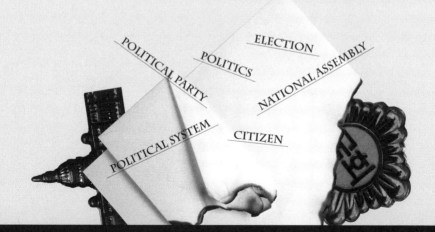

POLITICAL PARTY

ELECTION

POLITICS

NATIONAL ASSEMBLY

POLITICAL SYSTEM

CITIZEN

제1부

기로에 선 한국 정당

01

기로에 선 한국 정당: 위기와 기회

윤종빈 · 명지대학교

1. 기로에 선 한국 정당, 무엇이 문제인가?

우리 정당은 짧은 민주주의 역사에도 불구하고 괄목할 만한 발전을 거
듭해 왔다. 물론 아직도 많은 문제를 내포하고 있지만 이는 정당정치 민주
화의 자연스러운 진화 과정이라고 볼 수 있다. 1987년 민주화 이전의 정
당정치는 권위주의 정권과 결탁한 여당과 권위주의 독재에 항거하는 야
권의 대결로 규정되었다. 민주화 이후 민주와 반민주의 대결 구도는 상대
적으로 약화되었고 과거에 잠복해 있던 지역주의 대결 구도가 정당정치
를 지배하였다. 3김(金)을 중심으로 한 지역주의는 정당정치를 잠식하여

우리 정당들이 정책 대결 중심으로 재편되는 것을 방해하였고, 3김이 정치적으로 퇴장한 현재에도 그 여파에서 헤어나지 못하고 있다. 한국의 정당정치는 기로에 서 있다. 과거의 민주 대 반민주, 지역주의의 패러다임에서 벗어나 새로운 질서를 모색하고 있다. 위기를 기회로 만들기 위해서는 제도적 차원에서 권력구조, 선거제도, 정당체제 등의 개혁과 인식적 차원에서 정치권의 기득권 내려놓기 등 할 일이 많다. 이 글은 이러한 측면에서 주로 민주화 이후 한국 정당의 문제를 진단하고 그 결과를 되돌아본 후, 새로운 개혁의 과제와 나아가야 할 새로운 모습에 대한 화두를 던지고자 한다.

정당연구에서 가장 보편적으로 활용되는 분석 틀은 키(V. O. Key 1964)가 제시한 정당의 3가지 구성 요소에 따른 것이다.[1] 이러한 요소를 기준으로 한국 정당의 현주소를 분석해 보면 다음과 같다. 첫째, 유권자 속의 정당으로 보면 유권자와 정당의 괴리가 점차 커지고 있다. 이러한 괴리의 가장 근본적인 원인은 정당이 유권자의 로열티를 얻는 데 성공하지 못했기 때문이다. 또한 정당들이 당내 후보 및 정책 입장에 대한 유권자의 고정적인 지지를 확보하는 데 실패하였다. 더욱이 최근에 어느 정당도 지지하지 않는 부동층의 규모가 점차 커지고 있는 사실은 정당의 유권자 파고들기가 실패했다는 주장의 직접적인 증거가 될 수 있다.

둘째, 조직으로서의 정당으로 평가해 보면, 중앙당조직이 비대한 반면 정당을 움직이는 실질적인 주체가 되어야 하는 당원과 자원봉사자가 지극히 부족한 현실이다. 정당이 당원을 확보하려는 장기적인 차원의 체계적인 노력은 게을리 한 채, 일시적인 흥행을 위한 임시방편적 제도 도입에

정당이 살아야 민주주의가 산다

만 치중하면서 정당조직의 제도화는 점점 부실해지고 있는 현실이다.

셋째, 정부 내의 정당은 선출직과 지명직 관계없이 소속 정당을 표방하고 출마하는 후보로 구성된 요소를 의미하며 대통령을 비롯한 모든 공직자를 포함한다. 이러한 공직자들이 때로는 정당과 긴장 관계를 유지하며 다른 목소리를 내는 것이 자연스러운 현상인데, 우리의 정치 현실에서는 정부와 여당의 정책 태도가 일치할 것을 과도하게 강요해 정국은 항상 정부·여당 대 야당의 대치 구도가 형성되는 경향이 있다.

한국 정치의 가장 큰 문제점을 좀 더 큰 틀에서 지적하자면 승자 독식의 선거제도와 정치구조로 인해 여당의 일방통행과 야당의 발목 잡기 정치가 재생산되고 있다는 사실이다. 우선 선거제도의 측면에서 보면, 현행 단순다수 소선거구제가 제1·제2 거대 정당에게 의석 프리미엄을 부여해 군소 정당의 제도권 진입을 막는다. 이러한 선거제도는 경쟁력 있는 군소 정당의 제도권 진입, 특히 원내 진입을 막고 있으며, 양당 경쟁 체제를 유도해 갈등이 무한 반복되는 정치구조를 만들고 있다. 이렇게 형성된 국회 또한 '합의제' 방식의 운영 경험이 부족해 다수당이 주도하는 '다수제' 방식으로 운영되었고 항상 소수 야당은 다수당의 독주에 강력히 저항하는 악순환이 반복되어 왔다. 물론 2012년 19대 국회 막판에 통과된 국회선진화법 개정 이후 이러한 몸싸움과 벼랑 끝 대결 구도가 다소 약화된 측면이 있지만 아직도 쟁점 법안에 대해 끝없는 대치와 갈등이 나타나고 있으며, 서구 민주주의 의회의 상호 타협과 설득 문화가 정착되기에는 갈 길이 멀다고 생각된다.

이 같은 정치제도의 한계와 더불어 이념갈등의 과잉 또한 지역갈등 및 양당제와 중첩되어 갈등의 정치를 반복 재생산하는 데 기여하고 있다. 이 념갈등은 서구에서와 같이 정책 경쟁으로 연결되어 선진적인 정당정치 구축에 기여할 수 있는 중요한 요소이다. 그러나 현재 우리나라의 정당은 이념갈등을 정강 정책으로 수용해 내지 못하고 정쟁의 수단으로 활용하고 있는 현실이다.

또한 정치권의 반복되는 이합집산, 분당 및 신당 창당, 당명 개정 등으로 정당의 정체성은 약화되었고 이에 따른 유권자의 정당일체감 부족이 한국 정치의 위기를 초래하고 있다. 서구적 의미에서 정당에 대한 유권자의 정서적 일체감 형성이 매우 부족하다. 그동안 우리 정치가 제도가 아닌 인물 중심으로 운영되는 구조로 고착돼 계파정치를 양산하였고 상황적 명분에 따라 정치권이 분당·창당을 반복했기 때문에 정당에 대한 정서적 일체감의 형성이 미흡하였다. 따라서 정당의 안정성, 지속성이 개선되어야만 정당일체감도 제고될 수 있을 것이고 궁극적으로는 한국 정치의 위기도 극복할 수 있을 것이다.

2. 왜 정당위기론인가?

정당위기론에 대한 국내의 시각은 양분되어 있는데 정당위기론이 대중정당의 진화 과정에서 나타나는 자연스러운 현상이라고 보는 낙관론과 우리의 정치 현실에서 서구적 대중정당은 이식이 어렵기 때문에 새로운 정당모델을 찾아야 한다는 비관론이 팽팽하게 맞서고 있다.[2] 대중정당

정당이 살아야 **민주주의**가 산다

(론)이 당원 및 당비의 감소, 정당일체감의 약화, 무당과 유권자의 증가 등으로 인해 더 이상 작동하기 어려울 뿐만 아니라, 한국의 경우 역사적으로 시민사회 영역이 미약했고 상대적으로 국가 영역의 개입이 강했기에 풀뿌리정당 조직의 근간을 구축하기에는 쉽지 않았다는 비관론이 더욱 설득적이다. 다시 말해서, 대중정당론의 위기에서 촉발된 한국 정당의 위기를 극복하기 위해서는 새로운 한국적 정당모델의 모색이 시급한데, 이에 앞서 우선 위기의 원인을 진단해 보자.[3]

최근 나타난 정당위기의 원인으로 가장 중요한 것은 정당과 유권자의 괴리로 인한 대표(representation)의 실패다. 정당에 의한 유권자와의 소통 및 공감, 정책 대표가 약화되고 정당과 유권자 간의 거리감이 더욱 커졌다. 정당-유권자의 괴리는 결국 정치실패로 나타나고 정당일체감의 약화, 정치참여 및 투표참여의 부진, 당원의 감소, 정치불신의 고조 등 한국 정당정치의 총체적인 위기로 연결되었다.[4]

정당위기론의 두 번째 원인은 관련 전문가들이 한국 정당을 설명하는 이론과 방법론 개발에 소홀하여 현실 정당정치의 부실을 자연스럽게 방치했기 때문이다. 그동안 서구 정당이론을 한국 정당에 무비판적으로 수용해 왔고 이로 인해 많은 시행착오를 경험하였다.[5] 다시 말해서 한국 정치를 변화시킬 새로운 정당이론을 개발하지 못한 채 정당위기는 방치되어 온 것이다. 이는 근본적으로 한국적 정당모델의 개발에 소홀한 정치학계의 책임이 매우 크다고 할 수 있다. 물론 접근 가능한 자료의 한계, 기존 연구의 부재 등 다양한 어려움이 존재하지만, 수십 년간 현실 정당정치가 표류하고 있음에도 불구하고 이를 극복하기 위한 이론의 개발과 대안 연구에 소홀했던 것은 책임을 면하기 어려울 것이다.

정당의 정치대표 실패, 학계의 이론 개발 미흡과 더불어 정당정치와 관련한 경험적 자료 축적의 결여 또한 한국 정당위기의 근본적인 원인이다. 특히 자료 축적의 중요성에 대한 정치권의 인식 결여는 스스로의 시행착오에 대한 대안 마련을 불가능하게 하는 근본적인 원인이 되었다. 지난 수십 년 동안 자료의 폐기라는 동일한 시행착오가 무한 반복되고 있지만 개선되지 않고 있다. 정당정치의 근본적인 수술을 위해서는 정확한 현실 진단이 필요한데 경험적, 객관적 데이터의 부재는 이를 막고 있다. 이러한 연유로 정당정치 발전을 위한 학술적 논쟁과 현실 정치적 논쟁이 서로 접목되지 못하고 아픈 곳을 제대로 진단하는 데 실패하였다. 예를 들어 당원 명부를 포함한 정당조직, 당내 공천 및 경선 과정과 결과 등에 대한 실체적 자료가 중요함에도 불구하고 정치권에 의해 폐기되는 현실이다. 또한 정당정치 발전에 대한 유권자 인식을 파악하기 위해 전국 단위의 설문조사를 단독으로 실시한 사례가 거의 없다.[6] 일반적으로 선거 전후에 실시되는 선거에 대한 국민 인식 조사라는 큰 틀 속에서 정당일체감, 정당지지도 등에 대한 몇 개의 질문만을 포함시켜 분석하는 열악한 현실이다.

3. 한국 정당, 무엇을 개혁해야 하는가?

앞선 논의에서 한국 정당의 현실과 위기의 원인을 살펴보았다. 그렇다면 위기를 극복하고 새로운 기회를 만들기 위해 어떤 노력이 필요한가?

몇 가지 핵심적인 방안을 생각해 보면 다음과 같다. 첫째, 기득권 내려놓기를 통한 정치신뢰 회복이 가장 시급하다. 정치신뢰는 정치적 대상 및 제도에 대한 믿음으로 장기간에 걸쳐 형성되는 경향이 있기에 단기적인 노력으로 쉽게 제고시키기 어렵다는 한계가 있다. 여러 조사에서 밝혀진 바와 같이 현재 우리나라 유권자들의 정부, 정치, 정치인, 정당, 국회에 대한 불신은 매우 심각한 수준이다.[7] 이러한 정치불신을 제고하지 않고 유권자의 정치참여를 높일 방안을 모색하는 것은 의미가 없다. 요컨대 무엇보다도 정치인 스스로 기득권을 포기하는 모습을 보여야만 정치신뢰가 제고되고 정치참여는 활성화될 것이다.

둘째, 정당위기를 극복하기 위한 노력은 정당일체감을 높이는 것이다. 그동안 당원을 양성하려는 정당 차원의 노력 부족과 정책 소통 및 대표성의 부족으로 말미암아 서구적 의미의 정당일체감이 우리나라에서는 제대로 형성되지 못했다. 민주화 이후에도 3김이라는 지역 맹주에게 의존한 왜곡된 형태의 정당일체감이 형성되었는데, 3김이 정치 일선에서 퇴장함에 따라 새로운 형태의 한국적 정당일체감을 만들어야 한다. 이때 무엇보다도 유권자들이 장기적으로 정당과 정서적 일체감을 느낄 수 있도록 정당이 유권자에게 다가서는 노력이 우선되어야 한다. 즉 유권자에 대한 정당의 반응성 및 대표성의 증대가 절실하다고 하겠다.

셋째, 정당들은 소셜네트워크 소통으로 무장한 유권자에 대한 반응성을 제고해야 한다. 유권자는 새로운 소통 방식인 소셜미디어를 일상생활은 물론 정치소통에 활발히 활용하는 반면, 정당은 과거 방식에 머물러 있어 엇박자를 보이고 있다. 따라서 정당-유권자 소통과 대표성 제고를 위해서는 정당들이 네트워크 시대에 걸맞은 새로운 소통 방식에 적응함과 더불어 제도적 혁신이 필요하다. 정치인들이 과거에 비해 소셜미디어를 많이 활용하고 있지만 아직도 일방적인 정보 전달 및 홍보의 수단으로만 인식하고 있고 쌍방향 커뮤니케이션을 위한 도구로서는 제대로 활용하지 못하고 있다. 정당들이 새로운 소통 방식에 제대로 적응해야만 유권자에 대한 연계와 대표성이 제고될 수 있을 것이다.[8]

넷째, '저비용 고효율'을 지향하는 정당의 체질(조직) 개선이 시급하다. 정당혁신을 위한 대안 마련의 가장 핵심적인 방향성은 고비용 정치를 개선하고 효율성을 제고하는 것이다. 2004년 정치관계법의 획기적인 개정을 통해 중앙당 상근 직원의 수를 제한하여 조직을 슬림화했고, '돈 먹는 하마'로 불리던 지구당을 폐지했으며, 중앙당과 국회의원 개인의 후원회 개최를 금지하는 개혁을 단행했다. 그러나 아직도 우리 정치는 불법 자금의 유혹에서 자유롭지 못하다는 것이 일반적인 평가이다. '저비용 고효율'의 정치구조를 위한 정당의 체질 개선과 함께 정치자금의 투명성 강화 및 정치자금 현실화에 대한 사회적 공론화 작업이 필요한 시점이다.

다섯째, 당내 조직 기구와 의사결정 과정의 투명한 제도화가 필요하다. 그동안 정당들의 의사결정 과정은 제도에 의존하기보다는 특정 인물과 상황 논리에 의존하는 경향을 보였다. 그러다 보니 제도화는 실패하고 의사결정에 불복하거나 결정이 번복되는 사태가 벌어지곤 했다. 예를 들어, 당내 후보 결정 과정에서 특정 후보의 상황적 유·불리에 따른 잦은 선거 룰 변경은 당내 구성원은 물론 일반 유권자의 혼란과 불신을 가중시켜 정당조직과 운영의 제도화를 가로막고 있다. 따라서 당내 리더십 직위 선출 및 공직선거 후보 선출 등을 포함한 당내 모든 의사결정 과정이 투명하게 제도화되어야 한다. 당내 의사결정 과정의 제도화는 당내 민주주의를 좌우하는 매우 중요한 요소라는 것을 인식해야 한다.

4. 위기를 기회로: 한국적 정당모델의 모색

다행히도 우리 사회에는 이미 정당위기에 대한 인식, 한계점, 시급히 개혁해야 할 현안 등에 대해 상당한 공감대가 형성되어 있다. 민주화 이후 지난 30년 간 한국 정당들은 정보통신기술(ICTs) 환경의 변화 속에서 공천과정, 의사결정 방식, 당조직과 운영 등에 있어서 새로운 실험을 지속적으로 진행해 왔다. 민주화 이후 민주화의 중간 성과의 집약이었던 2004년 정치관계법 개정으로 전근대적이고 비민주적이었던 정치문화와 정치제도는 상당히 개선되었다. 중앙당조직의 슬림화, 지구당의 폐지, 정치자금의 투명성 강화, 총선에서 1인 2표제 도입, 기초의회 중선거구제 도입, 지방의원 유급제 등 2004년 초·중반 매우 획기적인 정치환경의 변화가 일어났고 그만큼 정치개혁에 대한 유권자의 기대 수준이 높아졌다.

그러나 아직도 정치분야가 우리 사회에서 가장 낙후한 영역이라는 점은 부인할 수 없는 사실이다. 정당정치의 측면에서 보면, 가장 근본적인 문제점은 유권자와의 의사소통이 부실하다는 것이다. 유권자는 네트워크 개인으로 변화했는데 정당은 아직도 과거 방식의 소통에 의존하고 있다. 또 다른 문제로 정당조직은 비효율적이라 돈이 많이 드는 구조인데 국가보조금에 의지하고 있어 자생력이 매우 떨어진다. 반면 자발적으로 회비를 납부하고 봉사하는 진성당원 양성에 대한 아이디어가 부재하다. 국회의원선거와 대통령선거를 앞두고 후보를 어떻게 뽑을지에 대한 제도적 합의도 항상 논란이 되고 있다. 제도화의 부실 때문이다. 공천권을 어느 정도, 어떤 방식으로 국민에게 돌려줄 것인지에 대한 논란도 끊임없이 반복되고 있다.

필자의 능력 부족으로 소고(小考)는 한국적 정당모델에 대한 해답을 제시하지 못하고 있다. 학계에서 논의하고 있는 간부정당, 대중정당, 포괄정당, 원내정당, 카르텔정당, 유권자정당 등 정당모델에 대한 수많은 시각이 존재하지만 어느 하나가 이상형이라고 말하기는 불가능하다. 아마도 한국적 역사성과 정치사회적 현실을 반영한 새로운 하이브리드 정당을 모색해야 할 것이다. 이와 같은 한국적 정당모델의 모색은 매우 어렵고 실현 가능성이 희박한 과제일 수도 있다. 왜냐하면 유권자와 정당의 속성, 정치 환경의 특성이 고정되어 있지 않고 계속 변하기 때문이다. 그럼에도 불구하고 한국 정치, 한국 정당의 현주소에 대한 객관적이고 정밀한 진단이 선행되어야만 그에 알맞은 처방이 가능할 것이다. 위기 대처에 성공한 해외 정당의 경험과 전략, 우리 정치인과 유권자의 정당 인식에 대한 인터뷰와 설문조사, 정치권의 실험에 대한 경험적 자료의 축적 등이 한국적 정당모델 모색의 중요한 출발점이 될 것이다.

1. 키(V. O. Key 1964)는 정당의 3가지 구성 요소를 '유권자 속의 정당(party in the electorate)', '조직으로서의 정당(party as organization)', 그리고 '정부 내 정당(party in government)'로 구분하여 제시하고 있다.

2. 비관론자들에 따르면 새로운 한국적 정당모델을 모색하기 위해서 서유럽과 미국 등 서구 민주주의 국가보다 오히려 유사한 역사적 경험을 공유하고 있는 아시아, 중·동유럽이나 라틴아메리카 국가의 정당정치에 주목할 필요가 있다(강원택 2009).

3. 한편 정당위기론에 대한 반박으로 돌턴과 그의 동료들(Dalton et al. 2011)은 5가지 근거를 제시한다.

4. 정치환경의 변화는 대표성의 저하를 가져온다. 피오리나와 에이브럼스(Fiorina and Abrams 2009)는 미국 의회의 대표성 약화의 원인으로 후보자 중심의 정치 및 선거캠페인, 의회의 개방화, 정치연합의 강화, 여론조사의 확산, 새로운 기술의 발달 등을 지적한다.

5. 기존의 한국 정당연구는 서구 중심적인 접근에 의존하여 간부정당, 대중정당, 포괄정당, 카르텔정당 등 서구적 정당조직 유형을 그대로 적용하였는데, 이는 서구는 물론 한국의 역사적·정치적 상황과 정당정치 발전 과정을 간과한다는 점에서 한계가 있다(윤종빈 2013; 강원택 2009).

6. 명지대학교 SSK 연구팀은 2014년과 2015년에 정당에 대한 유권자 의식 조사를 실시한 바 있는데 정당정치만을 단독 주제로 한 거의 유일한 설문조사이다.

7. 세계가치조사(World Value Survey)에 따르면 2000년대 후반에 들어 전 세계적으로 정당과 의회에 대한 신뢰 비율이 30~40%에 머물고 있으며, 특히 한국의 경우 양자 모두 10.8%에 머물러 미국의 1/3 정도였고 정치불신이 심각하다고 평가받는 일본에 비해서도 절반 수준에 불과한 것으로 나타났다(한상익 2014; 정희옥·윤종빈·김진주 2014).

8. 네트워크 유권자에 대한 정당의 반응성 지체 현상을 다룬 연구들은 윤성이(경희대), 장우영(대구가톨릭대), 송경재(경희대) 등이 주도하고 있다.

02

한국적 정당모델의 방향성

임성학 · 서울시립대학교

1. 한국 정당모델의 필요성

연구기관 혹은 언론에서 국민신뢰도 조사를 해 오고 있다. 조사 결과 국회 혹은 정당의 신뢰도는 항상 최하위였다. 국민의 의사를 대표해 이익을 취합, 표출하여 정책으로 만들고, 국가지도자를 양성, 배출해야 하는 국민대표 기관이 국민으로부터 신뢰받지 못하고 비난의 대상이 되고 있다면 그 국가의 미래는 밝지 않다. 물론 정당과 의회에 대한 불신은 한국에서만 일어나는 예외적인 현상이 아니라 전세계적으로 나타나고 있지만, 국민이 바라는 대의기관으로서의 역할을 제대로 하고 있다면 신뢰도는 높아질 수 있을 것이다. 정당이 국민의 신뢰를 얻어 국민의 대표로 제대로 일하기 위해서는 기존의 정당모델로는 충분하지 못하다. 따라서 국민의 기대에 부응할 수 있는 새로운 정당모델, 한국 정치실정에 맞는 정당모델이 절실하다.

새로운 정당모델을 찾아내는 것도 쉽지 않은 작업이지만 새로운 모델을 한국 정치에 정착시키는 것 역시 쉽지 않을 것이다. 정당개혁의 방향은 서구 모델을 차용한 섣부른 개혁보다는 민주주의 발전을 꾀할 수 있도록 정치환경을 조성하고 정당이 점진적으로 이런 정치사회적 환경에 적응하도록 초점을 맞추는 것이 가장 효과적이다. 이를 위해 세 가지 점을 고려해야 한다. 첫째는 정치환경의 변화이다. 매스미디어와 시민사회의 발전, 정보화를 통한 정치참여 방식의 변화 등으로 대의제 민주주의의 핵심인 정당의 기능이나 역할이 중복 및 대체되고 있어 정당의 고유 영역 혹은 비교우위적 영역을 찾아 자리매김을 해야 한다.

둘째는 기존의 서구적 시각에 근거한 분석 틀로 한국 정당정치를 분석하는 것이 더 이상 적절하지 않다는 점이다. 대중정당, 포괄정당, 카르텔정당, 선거전문가정당 등의 서구 모델은 한국의 정치적 발전 과정과는 맞지 않으며, 또한 단선적 혹은 진화적 방향으로 전개되지도 않았다(강원택 2009). 물론 선진 민주주의의 경험으로부터 많은 교훈을 얻을 수 있지만, 한국 민주주의는 역사적 뿌리, 정치문화, 발전 경로 등이 다를 뿐만 아니라 서구가 경험하지 못한 새로운 정치환경(예를 들면 모바일을 이용한 후보선출 등)에 직면하고 있다.

셋째는 정당에 대한 통합적 이해가 필요하다는 점이다. 국민과 정치를 매개해 주는 정당은 분권화 이후 다양한 영역에서 활동하고 있으며, 또한 여러 정치기관과 연결되어 있다. 다른 영역, 기관과의 연계기능이 매우 중 요한데 기존의 정당모델은 중앙당, 원내의원, 총선과 대선 등에 초점이 맞 추어져 있다. 그러나 그보다는 지방정치의 활성화에 따른 풀뿌리정당 정 치, 중앙과 하부조직과의 관계, 공천 문제 등에 더 많은 관심을 기울여야 한다(김용호 2008). 또한 국민의 의사를 정책화하고 이를 추진하기 위해서 는 정당과 행정부의 유기적인 협력 관계와 건설적 경쟁 관계가 필요하다. 정당과 국회의 정치적 책임성을 높이기 위해 당정 관계에 대한 대안도 정 당모델에 포함시켜야 한다.

이제 최근 한국 정당모델을 모색한 연구를 소개하고 이를 토대로 새로 운 한국 정당모델을 위해 고려해야 할 점에 대해 논의하고자 한다. 위에 서 말한 바와 같이 한국적 정당모델을 찾거나 정착시키는 일은 지난한 과 정일 것이다. 이 글은 그 과정 중에 하나의 단초를 제공하려는 노력이라고 할 수 있다.

2. 한국 정당모델에 대한 기존 연구와 대안들

위에서 언급한 한국적 정당모델의 필요성이 증가함에 따라 한국 정당의 모델을 새롭게 분석하거나 모델을 제시하려는 학술적 노력이 많아졌다. 김용호(2008)는 한국 정당연구의 정체성을 확립하기 위해 한국 정당의 현 실에 기초하여 이론을 개발해야 한다고 주장한다. 또한 한국 정당의 기원

정당이 살아야 **민주주의**가 산다

을 한국 역사 속에서 모색해야 하고 민주주의 역사가 긴 서구 민주주의보다는 신생 민주주의의 정당정치와의 비교 분석을 통해 정당모델을 찾아야 한다고 주장한다. 한국 정당의 조직적 특성이 외형적으로 서구와 비슷하게 보인다고 해도 이런 정당의 대응을 가져온 사회정치적 환경요인이 다르기 때문에 그에 대한 설명도 조심스러워야 한다는 지적도 있었다(강원택 2009). 정당연구자들도 이런 문제 인식을 공유하게 되었고 새로운 분석과 모델 모색이 시도되었다. 많은 연구들이 진행되었지만 최근 연구를 소개하면 다음과 같다.

먼저 한국 정당모델이 포괄정당, 카르텔정당을 넘어 선거전문가 정당 모델(electoral-professional party model)로 변화해 가고 있다는 연구이다. 2004년 정치관계법 개정 이후 선거운동이 조직지배적 동원을 넘어 이미지 및 메시지 전달 등의 기술지배적 동원으로 방향이 전환되면서 동원 대상이 당원을 중심으로 이루어졌던 과거에서 벗어나 점차 유권자 여론층과 유권자 전체를 대상으로 변화되었다. 이런 변화, 특히 지구당 폐지, 중앙당의 축소 등이 진행됨에 따라 정당의 조직과 운영은 정당보다는 후보자 개인 중심으로 되었다(박경미 2012). 이런 변화는 다양한 정치환경의 변화에 대한 능동적 적응의 결과이기는 하지만 후보 중심으로의 방향 전환은 정당의 정책 통합 능력을 약화시키는 부작용도 가져왔다.

장훈(2010, 26-28)은 한국 정당모델에서 카르텔정당 체제가 점차 붕괴하고 유목형 정당정치로 변화해 가고 있다고 보았다. 카르텔 체제 하에서는 새로운 정치세력이 진입할 수 없었지만 이런 진입장벽은 점차 낮아졌고 개인적 카리스마에 의존했던 정당조직도 점차 민주화되어 분권화가

진행되고 있다. 지배와 순응의 일방적이고 위계적이었던 정부와 정당의 관계는 순응, 타협, 저항 등의 다양한 형태로 발전하였고 정당과 유권자의 관계도 지역주의 구조가 강하게 작동했던 과거보다 이념, 이슈 등이 복합적으로 작동하여 정당의 사회적 기반이 훨씬 유동적인 유목형 정당체제로 변화해 가고 있다고 평가했다. 한국적 정당모델에 대한 이런 논의들을 기초로 새로운 한국적 정당모델에서 고려해야 할 점을 살펴보고자 한다.

3. 새로운 한국 정당모델을 위한 조건

새로운 한국 정당모델을 위해 고려해야 할 점은 다섯 가지로 요약해 볼 수 있다. 정당에 대한 인식 변화, 시민-정당 연계 강화, 다양한 정당모델이 경쟁할 수 있는 정치환경 조성, 정당정치의 제도적 일관성 강화, 다층적인 접근의 필요성이다. 첫째로 정당, 더 나아가서는 정치에 대한 국민의 의식 변화가 필요하다. 이를 위해 먼저 정치 영역을 회복하는 것이 중요하다. 신자유주의의 영향으로 정부의 개입이 경제적 비효율을 가져오기 때문에 가능하면 정치의 영역은 축소되어야 한다는 논리가 팽배해졌다(임혁백 2007, 287). 그러나 신자유주의로 파생된 사회적 갈등, 경제 양극화와 계층 양극화의 문제는 결국 정치가 해결해야 하는 문제이다. 이런 문제를 해결할 수 있도록 약화된 국가 능력과 정당역할을 회복시켜야 한다. 이와 더불어 사회통합과 갈등에 대한 새로운 이해가 필요하다. 다원주의 사회에서 다양한 이해와 이념이 충돌하고 경쟁하는 것은 자연스러운 현상이다.

다양한 견해가 정당을 통해 표출되고 토론되는 과정을 통해 다수가 용인할 수 있는 합의점에 도달하는 것이 사회통합으로 가는 길이기 때문에 다소 시간이 걸리고 비용이 들어도 이런 과정이 필요하다. 다만 기존 제도에 대한 존중, 이견에 대한 용인, 결과에 대한 승복의 정당문화를 정착시키는 것이 선결되어야 한다. 이를 위해 정당, 정치권이 국민의 모범이 될 수 있도록 노력해야 하고 적극적인 자기 정화도 필요하다.

둘째, 시민과 정당 연계를 강화할 수 있는 정당모델을 모색해야 한다. 정보혁명의 영향으로 시민들은 정당이라는 매개를 통해 정치참여를 하기보다는 직접 참여하는 방식을 선호하게 되었다. 또한 정당의 전통적인 사회적 기반도 매우 유동적으로 변모해 구조적 연계도 어려워지고 있는 상황이다. 그러나 이런 새롭고 다양한 사회적 요구가 정책화되기 위해서는 정당과 같은 정치기구가 중요한 이슈를 정하고 이를 공론화시켜 정책으로 만드는 역할을 해야 한다. 따라서 정치에 관심을 갖고 있는 적극적인 참여층과 새로운 이슈에 관심을 갖는 계층을 동원하고 이를 정책화한다면 시민과 정당 간의 강한 연계를 만들 수 있을 것이다. 시민들의 이해와 요구를 잘 파악하기 위해서는 정당의 풀뿌리조직이 강화되어야 한다. 현재 지구당과 같은 정당의 풀뿌리조직이 없는 상황에서는 국민대표 기능을 제대로 수행할 수 없기 때문에 빠른 시일 안에 부활시켜야 한다. 가능하다면 지역에 기반을 둔 정당 풀뿌리조직 이외에도 분야별, 이슈별 조직을 만들어 정당과 시민의 새로운 연계를 도모해야 한다.

셋째는 다양한 정당모델이 경쟁할 수 있는 정치환경을 조성하는 것이다. 한국은 경제뿐만 아니라 정치도 빠른 기간 안에 압축적으로 발전했다.

전 세계적으로 예외적인 발전을 한 한국은 더 이상 따라갈 선진 모델이 없으며, 어떤 모델이 더 우수하고 효율적인지에 대한 합의가 존재하지 않는 상황에서 특정 모델을 강요하는 것은 바람직하지 못하다. 따라서 정당 스스로 새로운 정치환경에 적응하고 경쟁할 수 있는 토대를 만들어 주는 것이 필요하다. 서구 정당정치의 변화와 발전은 정치환경 변화에 적응하려는 정당들의 자구 노력에 의해 추진된 것으로 예를 들면 카르텔정당 모델은 당원의 충성도 약화, 당원 수의 감소, 이에 따른 당비와 기부금 축소 등을 극복하는 과정에서 발생하였다. 한국의 경우 대통령후보 선출 방식의 변화도 새로운 환경에 적응하려는 정당들의 노력에서 비롯되었다. 예를 들면 과거 당내 행사였던 후보 선출이 전국적이며 국민적 행사로 바뀐 것은 2002년 국민경선제로 뽑힌 노무현 후보가 대통령이 되면서부터이다. 따라서 최근 논의되는 완전 국민경선제의 경우도 후보 선출 방식은 각 정당이 전략적으로 선택하고 국민으로부터 심판을 받게 하는 것이 바람직하다.

넷째는 정당정치의 제도적 일관성이다. 한국 정당모델 혹은 체계개혁을 위해 제시되거나 추진된 방안들 중에는 다양한 서구의 정당모델 중 장점들만 취사선택해 적용함으로써 상호 모순되는 경우도 발생하였다. 특히 정당 중심의 대중정당 모델에 기반을 둔 규범적 측면에서의 개혁과 후보자 중심의 선거중심 모델에 기반을 둔 현실적 측면에서의 개혁은 서로 충돌할 수도 있다(주인석 2009; Lim 2011). 따라서 제도적 일관성을 고려한 정당개혁을 추진해야 한다.

마지막으로 고려해야 할 점은 다층적 접근의 필요성이다. 먼저 정당과 행정부 간의 관계이다. 정당정치가 신뢰를 받고 안정적으로 유지되기 위해서는 책임성이 확보되어야 한다. 책임성은 정당이 유권자로부터 위임받은 권력을 통해 유권자에게 약속한 공약을 실현하는 것으로부터 시작하기 때문에 특히 집권 여당은 수평적 당정 관계를 통해 정책공약을 추진해야 하고 이런 과정에서 야당과의 협력적 관계도 모색해야 한다(임성학 2015). 또한 분권화와 더불어 지방정치도 활성화되고 있는데 중앙과 지방은 과거의 수직적 관계에서 벗어나 유기적이고 협력적 관계를 구축해야 한다. 위에서 제시된 다섯 가지 고려 사항이 실제로 작동하기 위해서는 정당과 시민사회의 부단한 노력과 오랜 시간이 필요할 것이다.

03

정당체제, 선거제도, 거버넌스

: 비례제 국회의원 선거제도가 2016년에 도입 가능성이 낮은 이론적 이유

장 훈 · 중앙대학교

1. 들어가는 말

2016년 20대 국회의원선거를 앞두고, 몇몇 이론가들과 NGO, 정치인들은 우리나라도 서유럽 국가들이 다수 채택하고 있는 비례제선거제도를 도입해야 한다는 주장을 제기하고 있다. 선거를 7개월여 앞둔 시점에서 여야 정파, 그리고 시민들과 사회단체들이 새로운 선거제도의 도입이라는 중대한 제도 변화에 합의할 수 있을 것인가라는 현실적인 문제를 떠나, 이 글은 비교정치학적 이론이라는 렌즈를 통해서 이러한 제도 변화가 실현될 가능성이 거의 없다는 것을, 기존의 이론과 최근의 현실 특성 등을 토대로 하여 논증하려는 데에 목적을 둔다.

이 글은 다음의 순서로 진행될 것이다. 먼저 비례대표제를 강화하려는 여러 논자들의 기본 입장과 배경을 간략히 살펴본 후에, 제도 변동의 이론 등을 통해서 변화의 이론적, 실천적 가능성을 짚어볼 것이다.

2. 비례대표제 도입론의 논리와 배경

다양한 입장의 이론가들과 실천가들이 제기하는 비례대표제의 논리적 배경은 다음의 두 가지로 압축될 수 있다. 첫째, 현재의 정당체제의 큰 문제 중 하나가 양당에 의한 독과점이라는 것이다. 따라서 보다 다양하고 새로운 세력들이 국회에 진입하기 위해서는 진입의 문턱을 낮추는 비례대표제의 도입이 필요하다는 것이 첫 번째 논리적 배경이다. 둘째, 만일 권역별 비례제를 중심으로 비례대표제를 강화하게 된다면, 현재의 지역정당들 중심의 독과점 체제가 개선되고, 지역주의가 완화될 수 있다는 주장이다.

물론 이러한 논리적 근거에 대해서도 일련의 반론은 가능하다. 첫째 근거인 진입장벽이라는 관점에서 볼 때, 현재 우리의 혼합형 선거제도의 진입장벽이 상대적으로 높은 것인지, 낮은 것인지에 대해서는 보다 정밀한 논의가 필요하다. 현재로서는 비례의석투표 전국 득표율이 3% 이상인 정당에 대해서 비례의석을 배분하도록 하고 있다. 비교 선거제도의 권위자인 레이파르트는 이미 수년 전 비례성을 좌우하는 가장 결정적인 선거제도의 요소는 '의석배분 기준의 높이'라는 점을 수십 개국의 선거제도의 비교를 통해서 밝혀낸 바 있다. 그렇다면 현재의 3% 배분 기준은 높은 것인가? 낮은 것인가? 흔히 준거사례로서 논의되는 독일의 배분 기준은 5% 득표율로 규정되어 있다. 따라서 현재의 막연한 논의는 향후에 의석배분 기준의 상대적 높이에 대한 보다 체계적인 기준을 중심으로 이뤄져야만 한다.

3. 제도 변동이론의 명제

이 글의 핵심적인 목적은 그동안 비교정치학이 발전시켜 온 제도 변동에 관한 일반적인 이론의 관점을 통해, 20대 총선을 수개월 앞둔 현 시점에서 비례제선거제도로 변경 채택될 가능성이 상당히 낮다는 것을 검토하는 데에 있다. 1980년대 이후 전세계적으로 민주주의가 널리 확산되면서, 비교정치 이론가들은 자연스레 새로운 민주주의 국가들이 어떤 양식의 정치제도(선거제도 포함)를 선택하는가에 큰 관심을 기울여 왔다. 이 과정에서 제도의 선택과 변동에 관한 여러 유형의 신민주주의 국가들의 경험을 토대로 다양한 이론적 명제들이 발전해 왔다. 이러한 이론적 성과들을 간략히 집약해 보자면, 첫째, 기성 체제의 전면적 위기가 감지되고 있

정당이 살아야 민주주의가 산다

는지의 여부. 둘째, 이러한 정치사회적 위기를 진단하고 그에 대한 해결책으로서 새로운 제도가 명확하게 그 방향을 진단할 수 있는지의 여부. 셋째, 이러한 위기 진단과 대안 제시로서의 새로운 제도가 다양한 정치세력들의 이해 관계와 부합함으로써 제도권과 비제도권에서 합의가 이뤄질 가능성. 넷째, 이러한 전 과정을 이끌어 갈 정치 리더십과 유효한 정치적 개념의 존재 여부이다.

4. 비례대표제 도입의 가능성 검토

이제부터 위의 네 가지 이론적 명제를 중심으로 비례대표제 도입의 가능성을 차근히 검토해 보자. 첫째, 기성 체제의 전면적 위기가 감지되고 있는가? 2015년 겨울이라는 현재의 시점에서 보자면, 정치사회적으로 현저하고도 명백한 위기가 존재한다고 보기는 어렵다. 물론 민주화 20여 년의 실험을 거치면서 민주정치에 대한 전반적인 기대감이 민주화 초기보다 낮아진 것은 사실이고 우리의 정당과 국회, 선거 과정에 대한 시민들의 신뢰는 여전히 높지 못하다. 그러나 신뢰나 기대가 낮은 것과 중대한 정치사회적 위기가 존재하는 것은 구분되어야 한다. 1997년의 IMF 관리 체제라든지, 2008년의 미국발 금융위기처럼 심각하고도 전면적이며, 특정한 주제로 명확히 좁혀지는 위기가 현재의 우리 사회를 감싸고 있는 것은 아니다. 다만 1990년대까지 고속 성장을 해오던 한국 경제가 저성장 체제로 접어듦에 따라서 이에 적응하기 위한 사회 곳곳의 피로감과 새로운 활력을 찾으려는 정부와 민간의 노력 사이에서 오는 희비 쌍곡선이 있을 수는 있다. 또한 급속한 고령화 사회로의 진입과 이에 대응하는 복지사회의 구축이 아직은 현재진행 중이기에, 여기서 발생하는 기대와 만족 사이의 격차가 있다.

이러한 과제들이 산적해 있고 문제를 해결해야 하는 정당, 국회를 포함한 정치권의 능력에 대해서 시민들의 의구심과 비판이 커지고 있지만, 이것이 중대하고도 현저한 정치사회의 위기로 발전하고 있다고 보기는 매우 어렵다.

둘째, 현재의 문제 상황을 진단하고 새로운 해법을 제시하는 데에 있어서 비례제선거제도가 명백한 대안으로 부상할 수 있는가? 비례대표제 강화론의 근거는 주로 지역주의의 해소와 진입장벽의 축소를 통한 정당체제의 다원화에 있다고 할 수 있다. 그러나 이러한 근거들이 현재의 정치사회에 대한 시민들이 기대나 비판과 직접적으로 연결된다고 보기는 어렵다. 앞에서도 논의한 바와 같이 우리 사회가 직면하고 있는 다양한 전환기의 과제들—저성장 경제에서 새로운 성장 동력의 발굴과 육성, 고령화 사회에서 선순환적인 복지국가의 구축, 양극화 해소와 청년 일자리 창출—의 해결에 있어서 다당제 정당체제와 지역주의 해소가 직접적인 연결 고리가 되기는 쉽지 않다. 비례제 강화론자들은 다당제 정당체제에서 다양한 사회적 요구가 좀 더 용이하게 정치체제에 대표되고 따라서 정치사회적 과제 해결에 도움이 될 수 있다는 논리를 펴기도 한다. 그러나 과연 다당제로의 전환이 현재의 국회, 정당의 문제 해결 능력을 증진할 수 있는가? 이에 대한 사회과학적인 진단은 분명하지 않다. 서유럽의 선진

민주주의 국가들이 대부분 다당제 국가라고 하는 경험적 사실이 반드시 다당제 정당체제의 문제 해결 능력을 보장하는 것은 아니다. 제도적인 형식으로만 파악한다면, 다당제와 대통령제의 결합은 오히려 남미의 여러 신민주주의 국가들의 제도적 구성과 더욱 유사하다.

따라서 다당제 혹은 양당제라는 정당체제의 구성 양식이 국회, 정당의 문제 해결 능력과 직접적인 연관이 있다기보다는, 오히려 정당의 정책 입안과 정책 집행 능력의 증진이 좀 더 직접적인 관계를 갖는다고 할 수 있다. 결국 정당의 정책 입안 능력의 증진을 위한 정책 전문가, 정책 세력의 진입, 정책 연구소의 권한 강화, 정당과 전문가 집단, 이익집단과의 소통 확대 등이 정당의 문제 해결 능력을 제고할 수 있을 것이다.

셋째, 위기의 진단과 대안의 제시가 하나의 제도적 대안으로 모아진다 하더라도, 선거제도의 변동은 반드시 제도권 내에서 경쟁하는 여러 정치세력의 합의라는 관문을 통과해야 한다. 선거제도는 특히 여러 정치세력들 사이의 게임의 규칙을 관장하는, 그야말로 규칙 중의 규칙이다. 따라서 이러한 게임의 규칙은 다양한 정치세력들이 합의할 수 있는 범주 내에서만 변경 가능하다. 이런 관점에서 보자면, 현재의 여야 정당들 사이에 견해가 갈리고 있는 비례제의 도입은 사실상 불가능하다. 설사 제도권 내의 정치세력들이 합의하더라도, 제도 변동의 또 다른 관문이 남아 있다. 바로 제도권 밖의 시민사회로부터의 동의가 매우 중요한 과정인데, 이러한 측면에서도 비례제선거제도의 강화에 대한 사회적 합의는 그다지 높은 편이라고 하기 어렵다. 시민사회와 시민들의 여론은 비례제에 대해서 압도적인 지지가 형성되어 있다고 보기는 어려우며, 결국 비례제가 제도권 내의 합의와, 제도권 밖의 합의라는 이중의 관문을 통과하기는 대단히 어렵다고 할 수 있다.

넷째, 끝으로 거론될 수 있는 것은 비례대표제 강화라는 제도 변동을 이끌어 갈 유효한 정치개념(political idea)이 존재하는가의 문제이다. 비례제 옹호론자들이 강조하는 대표성의 강화, 제도 정치권의 개방성의 강화, 유권자들의 투표 선택과 실제 의석수 사이의 조응성을 강화하는 비례성의 강화 등의 여러 가치를 집약적으로 표현하고, 동시에 일반 시민들도 쉽게 이해하고 동의할 수 있는 핵심적 개념어의 역할이 제도 변동의 과정에서 대단히 중요하다. 아직까지 우리 정치사회 제도 변동의 분석 과정에서 충분히 조명받지는 못하고 있지만, 이미 미국과 유럽의 제도 변동 이론들은 이러한 정치적 개념어의 중요성을 강조하고, 다양한 분석에 동원하고 있기도 하다.

예를 들자면, 2004년 지구당 폐지가 여야 합의로 이뤄지는 제도 변동의 과정에서, '고비용 정치구조'와 '돈 먹는 지구당'이라는 정치적 개념어가 핵심적인 역할을 하였다고 할 수 있다. 하네스 모슬러의 탁월한 연구가 이미 지적하고 있듯이, 고비용 정치구조라는 개념은 당시에 제도 정치권의 부패와 고비용의 비효율 구조를 상징하는 핵심 언어였을 뿐만 아니라, 일반 시민들이 쉽게 이해하고 또한 언론에서도 폭넓게 사용되는, 즉 영향력을 발휘하는 핵심 개념어였다. 따라서 고비용 정치구조의 타파라는 방향으로 정치개혁 논의가 모아지고, 이 과정에서 고비용 구조의 핵심 고리로서(물론 지구당 폐지에 대한 일부 이론가들의 진지한 반대와 비판에도 불구하고) 지구당의 폐지까지 내달리게 되었다.

결국 이상의 네 가지 이론적 가설의 관점에서 보자면, 20대 총선을 수 개월 앞둔 현재의 시점에서 중대한 제도 변화, 특히 주요 정치세력 사이의 게임의 규칙을 획기적으로 변경하는 선거제도의 변화는 일어나기 어렵다고 결론지을 수 있다.

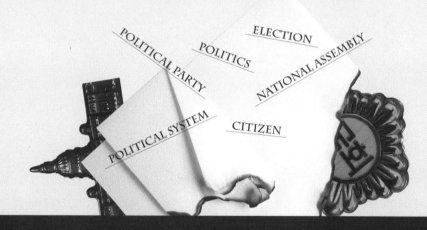

POLITICAL PARTY

POLITICS

ELECTION

NATIONAL ASSEMBLY

POLITICAL SYSTEM

CITIZEN

제2부

한국 정당개혁의
현재와 미래

04

정치개혁 되돌아보기

: 정당후원회 폐지의 정치적 결과

강원택 • 서울대학교

1. 2004년 정치관계법 개정과 원내정당론

이 글은 현재의 정치적 경쟁의 방식을 규정한 2004년 이후의 정치관계법 개정의 정치적 결과에 대해 평가하고자 하는 것이다. 2004년과 그 이후에 이뤄진 정치 관련법 개정은 2002년 대선 과정에서 제기된 것처럼 그이전 시기의 이른바 '3김 정치'의 문제점을 극복하고 정당의 민주화를 이루려는 것이었다. 또 한편으로는 2002년 대선 수사 과정에서 드러난 '차떼기 사건' 등 고액의 정치자금, 불법적 자금 모금에 대한 문제점을 극복하려는 목적도 가졌다.

당시 논의 과정에서 정치개혁의 모델로 삼았던 것이 미국 정당정치에 기초한 소위 '원내정당론'이었다. 미국 정당정치처럼 조직으로서의 정당을 약화시키고, 당원 중심에서 유권자 중심의 정당으로 변화시킴으로써 국회의원이 과거 3김과 같은 당지도부의 막강한 영향력에서 벗어나도록 하자는 것이었다. 이에 따라 정당후원회가 폐지되었고, 중앙당조직을 축소했으며, 지구당도 폐지했다.

이러한 정치개혁 이후 10년 이상의 세월이 흐른 만큼 이제 2004년 이후의 정치개혁의 결과에 대하여 보다 다각적인 측면에서 살펴볼 필요가 있다. 정치개혁의 결과에 대한 다양한 결과 중 이 글에서 주목하는 점은 정당체계(party system)에 대한 것이다. 그동안 2004년의 정치개혁이 정당정치 일반, 조직으로서의 정당, 당정 관계의 변화 등에 미친 결과에 대해서는 적지 않은 연구가 이뤄져 왔다. 그에 비해 이 글에서 주목하는 것과 같은 정당들의 집합으로서의 정당체계에 대한 연구는 많지 않았다.

이 글은 2004년 이후의 정치개혁이 새누리당과 새정치민주연합으로 대표되는 두 거대 정당의 폐쇄적인 정치적 카르텔의 강화에 기여했으며, 새로운 정당의 출현이나 소수 정당의 입지 확보를 어렵게 만들고 있다는 점을 강조하고자 한다. 다시 말해 양당제라는 폐쇄적인 정당체계가 지속되는 데 '정치개혁'이 기여했다는 것이다. 정치개혁의 여러 가지 내용 중에서 여기서는 특히 정당후원회 폐지에 주목하여 정당체계에 미친 정치적 결과를 평가하고자 한다.

2. 정당후원회 제도의 개혁

2004년 이후 개정된 정치개혁에서 폐지된 것 중 하나가 정당후원회이다. 정당후원회 제도는 2006년 정치자금법 개정과 함께 전면적으로 폐지되었다. 정당후원회 제도가 폐지된 까닭은 2002년 대선자금 수사로 드러난 대로, 고비용 정치로 인해 정경유착이 발생했고, 또한 '차떼기' 등 불법적인 방법으로 정치자금을 모금하려고 했다는 데 대한 비판 때문이었다. 따라서 만연한 고비용 정치문화를 개선하기 위해서는 정당후원회 제도 또한 금지되어야 한다는 것이다. 그런데 흥미로운 점은 정치자금법이 2004년 개정되기 전에 이미 후원금이 줄어들고 있었다는 점이다. 〈표 2-1〉에서 보듯이, 2002년 이전과 그 이후를 비교해 보면 정당후원금이 크게 줄어들었다는 사실을 알 수 있다. 이는 2004년 정치자금법 개정으로 후원인이 기부할 수 있는 정치자금의 규모를 줄였기 때문이다. 그 이전까지 연간 개인 1억 2천만 원, 법인 2억 5천만 원이던 후원금 한도를, 자연인, 법인 구분 없이 연간 2천만 원으로 축소했다. 또한 정당후원회의 경우에도 중앙당후원회의 한도를 200억 원에서 50억 원으로, 시·도당후원회의 한도는 20억 원에서 5억 원으로 축소했다. 이로 인해 2004년의 중앙당 정당후원금은 2002년의 1/10 수준인 90억 원 정도로 줄어들었다. 즉 정당후원회 폐지 이전에 이미 후원회를 통해 정당에 지원할 수 있는 자금은 큰 폭으로 줄어들었다. 따라서 2006년 정당후원회를 폐지할 때는 그 이전에 제기된 문제점은 사실상 크게 해소되었다.

오늘날 정당후원회 폐지는 오히려 공정한 정당 간 경쟁을 어렵게 하고

표 2-1. 주요 정당별 수입 내역(당비·기탁금·국고보조금·정당후원회 기부금) (백만 원)

연도	정당	당비	기탁금	국고보조금	정당후원회 기부금	당원(명)
1996	신한국당	3,440	34,079	18,822	11,200	3,760,948
	새정치국민회의	4,534	0	10,034	4,400	541,531
	민주당	556	0	8,696	261	409,132
	자유민주연합	3,712	0	10,184	350	1,874,448
1998	한나라당	2,549	0	32,873	2,199	3,165,873
	새정치국민회의	2,546	0	24,585	31,000	1,058,868
	자유민주연합	1,103	0	20,138	7,240	1,564,755
2000	한나라당	3,311	0.4	21,047	4,505	2,676,324
	새천년민주당	2,163	0.4	18,417	40,000	1,736,138
	자유민주연합	478	0.2	9,566	7,815	1,503,451
2002	한나라당	16,658	0.4	53,112	30,991	2,778,185
	새천년민주당	15,568	0.4	49,428	57,029	1,889,337
	자유민주연합	2,275	0.1	7,358	5,976	1,097,246
2004	한나라당	4,781	0.4	20,509	1,097	1,086,329
	열린우리당	10,896	0.2	15,652	4,322	276,269
	새천년민주당	1,387	0.3	11,160	109	469,221
	민주노동당	6,685	0.02	2,217	1,024	45,928
	자유민주연합	479	0.08	3,282	2,348	52,080
2005	한나라당	5,657	108	11,454	661	1,152,167
	열린우리당	9,129	114	11,895	271	1,090,902
	민주당	2,885	19	2,010	199	300,458
	민주노동당	7,377	20	2,037	5,462	69,888
	자유민주연합	122	7	784	50	51,640
2006	한나라당	19,495	948	23,068	1,769	1,108,115
	열린우리당	19,196	989	23,480	231	1,092,126
	민주당	7,568	169	4,028	763	394,035
	민주노동당	11,162	171	3,943	2,660	79,021
	국민중심당	1,789	22	3,017	108	199,103
2007	한나라당	19,767	1,791	21,461	0	1,650,011
	대통합민주신당	6,121	1,842	22,980	0	1,218,297
	민주당	3,249	349	5,230	0	436,330
	민주노동당	11,236	327	4,073	0	82,262
	국민중심당	106	241	3,022	0	199,324

정당이 살아야 **민주주의**가 산다

2008	한나라당	17,295	2,110	24,338	0	1,794,071
	민주당	7,591	2,508	25,058	0	1,643,021
	자유선진당	992	128	3,584	0	225,134
	친박연대	739	240	1,392	0	19,490
	민주노동당	7,703	376	5,707	0	70,670
	진보신당	2,319	4	454	0	15,260
	창조한국당	673	17	592	0	32,897
2010	한나라당	21,387	3,187	28,980	0	2,090,976
	민주당	21,120	2,667	23,760	0	1,918,474
	자유선진당	1,253	543	4,638	0	479,576
	민주노동당	7,703	469	4,054	0	76,053
	창조한국당	132	191	1,622	0	31,660
	국민참여당	2,760	4	325	0	38,837
	진보신당	4,139	188	1,601	0	25,819
2012	새누리당	22,917	4,192	51,795	0	2,474,036
	민주통합당	17,083	3,035	43,150	0	2,132,510
	통합진보당	8,574	541	7,494	0	104,692
	진보정의당	170	0	499	0	6,750
2013	새누리당	9,835	4,115	17,359	0	2,596,763
	민주당	7,562	3,827	15,803	0	2,421,461
	통합진보당	4,324	659	2,738	0	98,792
	정의당	1,197	498	2,041	0	9,578
	노동당	1,613	0	0	0	13,255

※ 자료: 중앙선거관리위원회
※ 전년도 이월, 차입금, 기관지 발행 사업 수입 등은 제외.
※ 정당후원회 기부금은 중앙당후원회 기부금만 산정.

기존 거대 정당의 기득권 구조를 강화시키는 결과를 낳고 있다. 원론적으로 말하면, 정당후원회의 폐지는 헌법 제8조 제1항의 "정당의 설립은 자유이며, 복수정당제는 보장된다."는 규정의 실현을 현실적으로 매우 어렵게 하고 있다. '정당설립의 자유'는 정당의 설립, 탈퇴, 활동, 조직 등 정당과 관련된 모든 자유를 포괄하는 것으로 볼 수 있다. 정당설립의 자유가

보장되기 위해서는 조직의 건설과 운영을 위해 필수적으로 소요되는 비용을 충당할 수 있는 자유도 마땅히 포함되어야 한다고 생각된다. 정당설립은 자유라고 규정하면서도, 정당설립에 소요되는 비용의 모금을 정당이 주체가 되어 행할 수 없도록 규제하고 있다면 정당설립은 자유롭게 이뤄지기 어렵다. 현재의 정치자금법은 정치자금의 규제를 통한 간접적인 방식으로 정당설립의 자유를 제한하고 있는 것이다.

정치자금법 제6조에 따르면 국회의원, 대통령선거의 후보자 및 예비 후보자, 정당의 대통령선거 후보자 선출을 위한 당내 경선 후보자, 지역선거구 국회의원선거의 후보자 및 예비 후보자, 중앙당의 대표자 선출을 위한 당내 경선 후보자, 지방자치단체의 장선거의 후보자만이 후원회를 둘 수 있다. 후원은 당원 여부와 관계없이 금전적인 지지를 표할 수 있는 것으로서, 한 후원인이 후원회에 기부할 수 있는 연간 한도액은 2천만 원으로 제한되고 하나의 후원회에 기부할 수 있는 후원금의 연간 한도액은 500만원으로 제한된다. 반면에 현행 정치자금법상 당비는 상한선이 존재하지 않으며, 당원이기만 하면 금액에 제한 없이 당비를 납부할 수 있다.

그러나 서구 민주주의 국가에서도 과거 1950~60년대에 비해서 정당 당원의 수는 줄어들고 있다. 하물며 우리나라처럼 근대 산업사회의 대중정당 건설의 경험을 갖지 못한 곳에서 당원의 모집에는 큰 어려움이 있을 수밖에 없다. 정치문화적으로도 당원 가입은 그다지 일반적인 일이 아니다. 더욱이 지구당이 폐지된 상황에서 정당이 효과적으로 당원의 모집에 나서기도 어려운 실정이 되었다. 이런 점은 새롭게 정당을 창당하려고 하거나, 당세의 확장을 모색하는 소규모 정당에게는 더욱 더 커다란 장애가 될 수밖에 없다. 따라서 정당후원회를 금지하고 있는 현행 정당법의 규정은 현실 정치적으로는 '정당의 설립이 결코 자유롭지 않은' 결과를 낳고 있는 것이다. 현재와 같이 정치자금 후원을 개별 정치인에게만 국한하는 것은, 기존 두 거대 정당의 존재만을 감안한다면 다른 평가를 내릴 수도 있겠지만, 경쟁력을 갖춘 새로운 정당의 등장이 허용되는 보다 개방적이고 다원성이 보장되는 정당경쟁에는 매우 부정적인 영향을 미칠 수밖에 없다고 생각한다.

더욱이 현행 정당법에서 규정하는 정당설립의 요건은 매우 까다롭다. 현재의 정당설립의 조건은 권위주의 시대의 규정보다도 더 엄격하다(강원택 2015). 정당법은 5개 이상의 시도에 1천 명 이상의 당원을 두도록 하고, 중앙당을 수도에 두도록 하는 등, 창당을 위해서는 조직적으로 매우 엄격한 요건을 규정하고 있다. 따라서 5개 이상의 시도에 당 지부를 설립해야 하고, 전국적으로 최소한 5천 명 이상의 당원을 모집해야 하는데, 이러한 기본적인 정당조직 설립을 위해서는 상당한 비용이 소요될 수밖에 없다. 그런데 정당후원회는 허용하지 않고 정치인 개인만 후원금을 모금할 수 있도록 허용하고 있는 것은, 사실상 기존 정당 이외에 새로운 정당설립을 매우 어렵게 만들고 있는 규정이라고 할 수 있다. 특히 재정적으로 풍요로운 정당 발기인이나 당원을 지니지 못한 정치 세력에게는 더욱 더 커다란 장애로 작용할 수 있다. 이는 정치 비용의 통제를 통한 정치적 참여의 제약으로 보인다.

3. 정당후원회 폐지와 거대 정당 중심의 국고보조금 제도 고착

정당후원회와 관련하여 주목해야 할 점은 국고보조금이다. 현실적으로 후원회를 통한 정치자금 모금이 심각한 정치적 부패나 정경유착의 문제를 낳지 않았음에도 불구하고, 여야가 합의에 의해 이를 폐지할 수 있었던 중요한 원인은 이들 두 정당의 경우 정당자금 중에서 정당후원회의 비중이 낮았고, 국고보조금에 대한 의존이 컸기 때문이다. 두 거대 정당은 정당후원회 제도를 폐지하면서 정치자금의 감소분만큼 국고보조금을 증액함으로써 보충해 왔다. 실제로 정당후원회 제도 폐지 이후 정당별 국고보조금의 규모를 보면 이러한 사실을 확인할 수 있다. 국고보조금의 단가는 종전의 1인당 800원에서 2008년부터 소비자물가상승률을 고려해 매년 변동하도록 하였다(2009년 820원, 2014년 968원, 2015년 981원 등). 이로 인해 기존에 국회에 교섭단체를 구성한 거대 정당들로서는 오히려 예전처럼 정당후원금을 모금하느라 애쓸 필요 없이 국고보조금의 증액을 통해 '손쉽게' 정치자금을 모금할 수 있게 되었고, 수입원의 상당 부분을 정당후원회 제도에 의존하고 있던 군소 정당들은 더욱 더 큰 어려움에 처하게 되었다.

〈표 2-1〉에서 후원회 제도가 폐지되기 이전인 2004년도의 자료에서 특기할 정당은 소정당인 자유민주연합과 민주노동당이다. 자유민주연합은 당원이 약 5만 명 정도였고 당비도 4억 7천 9백만 원이었지만, 후원금은 한나라당의 2배 이상을 거뒀다. 자민련은 2004년 총선에서 4석 의석을 얻지 못해서 국고보조금은 크게 줄어들었지만, 그 감소분을 후원회 기

부금으로 보충한 셈이다. 2004년 총선에서 처음으로 의회 진입에 성공한 민주노동당은 10개의 의석을 확보하였다. 그럼에도 교섭단체를 구성하지 못했기 때문에 국고보조금의 규모는 한나라당의 11%, 열린우리당의 14% 에 그쳤다. 그러나 민노당은 창당 때부터 진성당원제를 표방하였기 때문에 정치자금 총액 가운데 당비의 비율이 다른 정당들보다 높았고, 정당후원금이 차지하는 비율도 높았다. 이처럼 자민련이나 민노당 등 교섭단체를 구성하지 못한 원내 군소 정당들의 경우 정당후원회 기부금을 통해 상당한 정치자금을 확보할 수 있었다.

그 이후에도 이러한 패턴은 유사하게 나타났다. 자유민주연합은 2004년 총선에서의 참패로 인해 당이 사실상 소멸되어 후원회 기부금이 큰 폭으로 감소했지만, 민주노동당의 후원회 기부금은 더욱 증가해 왔다. 2005년 에는 약 54억 6천 2백만 원의 수입을, 2006년에는 약 26억 6천만 원의 수입을 거두면서 정당후원금 수입 순위에서 1등을 차지했다. 민주노동당의 당비, 기탁금, 국고보조금, 정당후원회 기부금의 합에서 정당후원회 수입이 차지하는 비중은 2004년에 10%, 2005년에 36.7%, 2006년에 14.8%였다. 반면에 거대 정당들을 살펴보면, 한나라당의 정당후원회 수입은 2004년 총액의 4.2%, 2005년 3.7%, 2006년 13.9%에 지나지 않았으며, 열린우리당은 2004년 14%, 2005년 1.3%, 2006년 5.3%에 지나지 않았다.

다시 말해, 한나라당이나 열린우리당의 경우 정당후원회의 비율은 대체로 5%도 되지 않는 규모였기 때문에 후원회의 폐지가 이들 정당에 재정적으로 미칠 수 있는 영향은 사실상 거의 없었다고 할 수 있다. 그러나 이들 두 정당 이외의 소규모 정당들, 그리고 새로이 창당을 준비하려는 정치세력에게 정당후원회의 폐지는 재정적으로 매우 큰 어려움을 주었던 것이다.

결국 정당후원회 제도의 폐지는 기존 거대 정당의 정치적 이해관계의 산물로 볼 수 있다. 명분상으로는 고비용 정치의 극복이 제시되었지만, 현실적으로 본다면 기존 양대 정당 입장에서 재정적으로 가장 의존도가 낮기 때문에 큰 부담 없이 정당후원금 제도를 폐지할 수 있었던 것이다.

그리고 그로 인한 정치자금의 감소분을 국고보조금의 증가로 보충하고자 한 것이다. 국고보조금은 국회에 교섭단체를 구성하고 있는 거대 정당에 유리한 구조로서, 이들 기존 거대 정당들은 오히려 손쉽게 국고로부터 정치자금을 끌어다 쓸 수 있게 되었고, 수입원의 상당 부분을 정당후원회 제도에 의존하고 있던 군소 정당들의 경우에는 주요 수입원을 잃게 되었다. 이는 자유롭고 공정한 정치적 경쟁이 이뤄질 수 있는 제도적 조건으로 보기 어려운 것이다.

현행 정치자금법에서 금지하고 하는 정당후원회는 기존의 거대 정당과의 공정한 경쟁 자체를 근원적으로 어렵게 만들고 있으며, 이들 정당의 기득권을 더욱 공고하게 만들어 주는 제도적 장치로 사실상 활용되고 있다.

4. 폐쇄적 카르텔정당 구조의 공고화

정치개혁은 당시 당면한 정치적 문제점과 모순을 극복하고 보다 나은 정치적 환경을 만들기 위한 시도였을 것이다. 2004년 이후에 이뤄진 정치개혁은 정당 민주주의를 강화하고 과도한 정치자금의 소요를 막는다는 명분하에 추진된 것이다. 이 글에서 주목하는 정당후원회 폐지 역시 선거 비용에 대한 정당의 개입을 원천적으로 차단함으로써 후보들의 자율성을 높이고, 또 한편으로는 정치 비용 자체를 줄이겠다는 명분하에 이뤄진 것이다.

그러나 앞에서의 논의를 통해 본 대로, 정당후원회의 폐지가 정치자금 규모의 변화에 미친 영향은 그다지 크지 않았다. 새누리당과 새정치민주연합은, 애당초 후원금에 대한 의존도가 높지 않았을 뿐만 아니라, 부족한 부분은 국고보조금을 증액함으로써 '보다 손쉽게' 정치자금을 모을 수 있게 되었다. 이에 비해 소규모 정당은 정당후원회 폐지로 인해 정치자금 모금이 더욱 어렵게 되었으며, 새로이 의회 진입을 노리는 신생 정치세력의 출현도 어렵게 만들고 있다. 그 결과는 새누리당, 새정치민주연합이라는 두 거대 정당의 기득권 강화로 이어지고 있으며, 공정한 정치적 경쟁이 어려운 폐쇄적인 카르텔정당 구조를 형성하고 있는 것이다.

이러한 사실은 정치개혁이라는 이름으로, 본래 사회 내에서 자생적으로 형성되는 결사체인 정당의 조직과 활동을 법적 규제를 통해 일률적으로 묶어 놓는 것이 얼마나 위험한 일인가 하는 점을 잘 일깨워 주고 있다. 또한 폐쇄적인 정당체계가 깨지지 않고는, 어떤 명분의 정치개혁이 이뤄진다고 해도, 기존 거대 정당의 기득권 구조를 약화시키는 일이 얼마나 어려운 것인지 잘 알려 주고 있다.

05

정보화시대 새로운
유권자 – 정치인 연계 방식

: 「노사모」의 특징[1]

김용호 · 인하대학교

1. 노사모의 등장과 2002년 대선

2002년 대선에서 노무현 후보의 당선에 기여한 노사모(노무현을 사랑하는 사람들의 모임)는 과연 어떤 성격의 정치집단인가? 노사모는 시민단체인가, 정치단체인가? 노사모 회원은 자신들의 모임이 시민단체도 아니고, 정치단체도 아니라고 주장한다. 그럼 무엇인가? 신율(2003)은 노사모가 비록 노무현이라는 특정 정치인을 지지하는 모임이지만 개인의 사조직이라고 할 수 없고, 신사회운동(new society movement)을 펼치는 시민단체의 성격을 가진 집단이라고 주장한다. 한국의 전통적인 파벌과 노사모를 비교해 보면 후자의 특징을 알 수 있다. 노사모가 시민단체라기보다 정치단체라는 점은 분명한데, 한국의 전통적인 파벌과는 매우 다르다. 노사모는 지금까지 우리나라에서 볼 수 없었던 네티즌 정치집단으로, 2002년 대선에서 노무현 후보의 당선에 큰 기여를 함으로써 강한 정치적 당파성(partisanship)을 가지게 되었다. 노사모 회원들은 지역주의 타파를 비롯한 정치개혁과 언론개혁이라는 공공재(public goods)를 위해 모였다고 주장하였으나 특정 정치인이나 정당을 지지하는 정치활동을 계속하였다. 이처럼 노사모의 출발은 지역주의 때문에 국회의원에 낙선하는 노무현을 안타깝게 생각한 사람들이 지역주의 타파를 위해 모인 것에서 시작되었다고 하지만, 그를 지지하지 않는 유권자가 보기에 노사모는 분명히 당파적인 모임이다.

2. 노사모의 성격을 둘러싼 논쟁

그런데 기존 한국의 연고집단이나 정치적 결사체와 비교해 보면 노사모는 몇 가지 공통점이 있으나 차이점이 훨씬 더 많다. 한국의 다른 정치집단에서 흔히 볼 수 있는 것처럼 노사모는 특정 정치지도자인 노무현을 중심으로 모였다. 특히 그들은 우리나라 최초로 인터넷상에 등장한 특정 정치인의 팬클럽이라는 점을 숨기지 않고 있다. 그럼 노사모-노무현의 관계가 종래 한국의 전통적인 정치파벌에서 볼 수 있는 유권자-정치인 연계와 동일한 것인가? 여기에 대해서는 서로 다른 평가가 있다. 일부에서는, 특히 노무현 반대자들은 노사모가 노무현을 맹목적으로 추종하는 젊은이들의 무분별한 집단이라고 평가하거나 적어도 노무현을 지지하는 핵심들이 지역주의 타파 등 정치개혁을 명분으로 순수한 네티즌들을 동원하여 노무현의 정치적 야심을 충족시키는 데 활용하고 있다고 본다.**2** 이와 대조적으로 노사모에 참여하고 있는 인사들은 이러한 평가에 대해 정치적 의도를 가지고 노사모를 폄하하려는 것이라고 반발한다. 이들은 노사모가 과거의 정치파벌과 달리 노무현이라는 정치인에 종속된 것이 아니고, 또 이익을 매개로 참여한 사람들이 아니라는 점을 강조한다(노혜경 2002, 46). 노사모가 노무현을 도와주는 이유는 그가 지역주의 해소와 참여 민주주의를 실현할 수 있을 것으로 믿기 때문이라고 주장한다. 노사모 회원들은 노무현 없이도 시스템을 통해 이러한 정치적 목표를 달성할 수 있다고 강조하면서, 그가 이러한 사람들이 모일 수 있는 기회를 마련해 준 것은 사실이지만 본래의 정치적 목표에서 이탈한다면 언제든지 비판을 받게 될 것이며, 노사모는 그에 대한 지지를 철회할 수 있다는 것이다. 이러한 주장을 뒷받침하는 근거로 노무현이 대통령후보가 된 직후 김영삼 전대통령을 찾아간 정치행태에 대해 신랄하게 비판을 한 것을 들고 있다.

또 노무현 후보의 대선 승리 후 노사모의 향후 방향을 결정하는 데 있어서 모임을 해체하지 않고 존속시킨 것은 노사모의 정치적 목표가 아직 달성되지 않았다는 판단에서 나온 것이며, 또 노사모라는 이름을 바꾸지 않은 것은 최초의 약속을 계속 유지하는 것이 좋다는 판단에 따른 것으로 볼 수 있다. 한편 일부 노사모 회원들은 노무현 대통령이 노사모를 의식하지 않고 국민을 통합시켜 나갈 수 있도록 노사모를 해체하는 것이 좋다는 주장을 개진하고, 노무현 대통령과 관계를 단절하는 것이 향후 활동에 도움이 될 것이라는 점에서 다른 네티즌 그룹을 만들거나 노사모를 탈퇴하기도 했다. 더욱이 노무현의 사망 이후 노사모는 그를 추모하는 사업 외에 특별한 정치적 활동을 하지 않고 있으며, 많은 회원들이 이탈함으로써 세력이 약화되었다.

3. 새로운 형태의 유권자 – 정치인 연계

노사모가 인물 중심의 결사체로 출발했다는 점에서 한국의 많은 다른 정치집단과 공통점이 있지만 노사모는 여러 측면에서 이제까지 한국의 유권자–정치인 연계와 다른 점을 보여 주었다. 첫째, 한국의 다른 집단들이 연고적 동원에 의해 형성되고 유지되어 나오는 경우가 많았는데, 노사모는 기본적으로 인지적 동원에 의해 시작되고 유지되었다. 송호근(2002, 223–231)은 한국의 산업화와 민주화에도 불구하고 최근까지 시민들의 정치참여 방식이 주로 한국의 전통적인 정치참여 방식인 연고적 동원에 의존하고 있다는 점을 경험적으로 밝혀주었다. 그런데 노사모는 연고적 동원 대신 인지적 동원을 통해 성공한 정치집단이라고 할 수 있다. 회원들의 자발성과 자율성이 노사모의 최대 강점이었다. 한국사회에서 상대적으로 연고주의적 가치관에 익숙한 기성세대와 달리 노사모에 참여한 20대와 30대의 정치적 성향은 전통적인 사고에서 점차 벗어나 개인주의적이고 자유주의적인 경향을 보여 주었다.

둘째, 노사모의 활동 양상을 보면 노사모의 다수 회원들이 정치를 '권력 투쟁'이라는 관점에서 보지 않고 '놀이(play)'로 보는 경향이 강하다.[3] 김영삼의 상도동계와 김대중의 동교동계를 비롯하여 과거 우리나라 정치집단들은 대체로 정치를 권력 투쟁이라고 보고, 반드시 싸워서 이겨야 한다는 태도를 가지고 있으며, 특히 승리 후에는 정당한 보상을 받아야 한다고 생각하는 경향이 강하다. 이와 대조적으로 노사모는 자기가 좋아하는 정치인을 위해 일하는 것을 즐겁게 생각하고, 온라인이나 오프라인에서 자신의 정치적 견해를 피력할 수 있는 기회를 즐기며, 같이 행동하거나, 같이 행동할 수 있는 사람이 있다는 것 자체를 유익하다고 보고, 선거운동도 춤과 노래를 곁들여 축제처럼 치렀다.[4] 특히 인터넷을 통한 온라인 노사모 활동은 많은 시간과 비용을 요구하지 않았으므로 참여가 상대적으로 쉬웠다. 그리고 노사모에 참여한 유권자들은 정치적 타산에서 출발하지 않았기 때문에 정치적 결과에 대해 개인적인 손익을 따질 필요가 별로 없었다. 그래서 노사모는 자발적으로 자신들의 재산과 시간과 노력을 들여서 활동해 나가는 것을 부담스러워하지 않았다. 이런 경향은 우리나라 젊은 유권자들의 탈물질주의적인 성격을 보여 준다.

셋째, 노사모는 과거 우리나라 정치에서 볼 수 없었던 새로운 형태의 유권자-정치인 연계가 가능하다는 것을 보여 주었다. 과거 우리나라 정치인들은 연고주의 방식의 정치활동에 대해 한국의 유권자를 탓하였다. 한국의 유권자들이 정당활동을 하거나 선거에서 표를 주는 경우, 대가를 요구하고 자신의 경조사에 찾아오기를 원하며 개인적인 청탁이나 부탁을 하기 때문에 정치인들이 할 수 없이 이러한 요구에 부응해야 하므로 정치자금을 비롯한 비용이 많이 들어간다고 주장하였다. 그러나 노사모의 경우 정치인이 자신의 정치적 소신을 지키며 유권자들로부터 신뢰를 얻게 되면 자발적인 지지와 후원을 얻을 수 있다는 것을 과시하였다. 이러한 정책적, 이념적 연계는 과거 우리나라 정치인이 유권자와 연계를 맺을 때 주로 후견주의적(clientelistic) 연계나 카리스마적 연계에 의존했던 것과 다르다.[5] 이제 유권자의 정치의식이 높아지고 경제적인 여유가 있기 때문에 자신이 좋아하는 정치인을 지지하는 것은 물론이고 다른 사람의 지지를 얻어 내기 위해 시간과 자금과 열정을 쏟는다는 것을 보여 준다. 노사모는 오랫동안 우리나라 정치를 주도해 온 연고집단 대신 자발적인 결사체 모임이 가능하다는 것을 보여 주었다. 이처럼 노사모는 자발성과 자율성이 높았기 때문에 노무현이 이들을 정치적으로 통제하는 것이 쉽지 않았다.

마지막으로, 노사모가 2002년 대선 기간에 노무현 후보를 위해 선거운동을 적극적으로 전개한 결과 선거머신(electoral machine)처럼 기능한 것은 사실이지만 처음부터 공동체적 성격이 강하였다. 다시 말해 노사모는 정치인과 정치에 대한 인식을 공유하는 정치집단으로 출발하여 정치적 기능을 수행했지만 그 동안 회원 간의 정서적 유대감이 발달되고 여러 가지 취미활동, 사회활동 등을 같이하면서 공동체 의식이 강하게 형성되었다.[6] 노사모는 온라인에서 출발한 네티즌 집단이지만 온라인과 오프라인을 결합시켜 시너지 효과를 발휘하였다. 특히 정치적 활동과 함께 사회적 의미의 공동체 활동을 많이 함으로써 회원들의 적극적인 참여를 유도하였다. 이러한 점은 2002년 대선 직후 노사모 해체에 반대한 많은 회원들이 회원 간에 형성된 유대가 지속되기를 바라는 마음을 강하게 표출한 점에서 잘 알 수 있다. 미국의 네티즌을 연구한 학자도 이런 점을 지적하고 있다(Davis et al. 2002).

2000년 미국 대선에서 인터넷을 통해 시민들의 투표참여와 지지 및 모금을 호소하는 활동을 전개한 네티즌들은 투표 독려나 모금을 하는 것 못지 않게 인터넷상에서 다른 유권자와 정치적 의사를 주고받으며 형성된 공동체 의식을 소중하게 생각하는 경향이 있다는 것을 발견하였다. 다시 말해 자신이 선호하는 후보를 위해 표를 많이 모았다는 자부심보다 인터넷을 통해 멀리 있는 다른 네티즌과 정치적 견해를 함께 나눌 수 있다는 것을 더욱 소중하게 생각하는 경향을 발견하였다.

4. 노사모의 정치적 한계

끝으로 노사모의 정치적 한계를 정리해 보자. 첫째, 노사모가 정당에 가입하지 않고 당의 외곽에서 활동함으로써 지지정당과 갈등을 유발하였다. 정당은 우리 헌법을 비롯하여 정치제도적으로 정치사회와 시민사회 간의 연결 고리라는 정당한 지위를 부여받고 있으나 노사모는 임의단체이기 때문에 법적, 정치적 활동에 한계가 있다. 그런데 노사모의 활동이 정치적 이상주의에 입각하여 과격한 방법으로 전개되는 경우, 정당이나 국회의 기능을 약화시켜 대의제 민주주의를 훼손할 수 있다. 예컨대 비리에 연루된 국회의원의 체포동의안이 국회에서 부결되자 노사모가 체포동의안에 반대한 국회의원에 대해 퇴출 운동을 벌인 것은 대표적인 사례다. 둘째, 네티즌들의 내집단 선호 성향이 강하여 노사모가 좋아하는 성향의 글은 많아지고 다른 의견은 더욱 도태되는 현상이 나타났으며 노사모 회원들의 주장이나 활동 방향이 강화되어 지나치게 경직된 모습을 보여 주었다.7 인터넷의 개방성에도 불구하고 가입, 탈퇴가 용이하기 때문에 반대 의견을 가진 회원은 노사모에 남아 자기 주장을 관철시키기보다 노사모를 이탈하는 경향이 높았다. 다시 말해 노사모와 같은 약한 유대(weak tie)를 가진 집단의 장점이 오히려 단점이 되었다. 마지막으로 지적할 점은 노사모 회원의 주축이 되고 있는 20~30대는 정치를 '놀이'로 생각하는 경향이 있고, 이성적이고 종합적인 판단보다 감성적인 판단에 의존하는 경향으로 인해 정치참여를 지나치게 쉽게 생각하여 정치적 책임이나 결과에 대한 깊은 성찰이 부족한 경우가 발생하였다.

■주 해설

1. 이 글은 2003년 6월 17~19일 한국사회학회 주최 "우리에게 연고란 무엇인가" 국제 회의에서 발표한 논문의 일부를 대폭 수정 보완한 것이다. 김성국 외. 2003. 『우리에 게 연고는 무엇인가: 한국의 집단주의와 네트워크』. 전통과 현대, 192–245.
2. 대표적인 사례가 한나라당 박원홍 의원이 노사모를 "권력을 등에 업은 정치 룸펜", "사이비 종교집단"이라고 공격한 발언이다(신원 2002, 43).
3. 이 점을 필자에게 가르쳐 준 인하대 언론정보학과 박정의 교수의 지적에 감사한다.
4. 필자가 2003년 5월 31일~6월 1일, 원주 웰리힐리파크(구 현대성우리조트)에서 개최 된 노사모의 4번째 총회에 참여하여 참여관찰을 실시하였다.
5. 김용호. 2015. "한국 정당정치인의 유권자 연계 전략 비교: 김대중과 노무현." 미발표 논문.
6. 노사모의 동호회 모임은 축구, 등산, 노래, 바둑, 문학, 사진, 아마추어 방송, 마라톤, 음악, 웹매니아, 교사, 록, 영화, 스타크래프트, 만화, 풍물, 서예, 인라인스케이트, 영 어, 창업, teen 노사모, 2030, 3040 외에 아줌마 모임, 뱀띠 모임, 용띠 모임, 개고기 모임, 주식투자, 나무, 헌혈 봉사, 농촌 봉사, 자원봉사단 등 매우 다양하다. 이 중에는 활동이 활발한 것도 있고, 그렇지 못한 동호회도 있다.
7. 최근 한국 심리학자의 온라인 시뮬레이션 실험을 통한 연구 결과에 의하면 노사모 처럼 인터넷 동호인 모임이나 태도 유사 모임이 다른 집단(온라인 연고집단 등)에 비 해 집단에 대한 동조 현상이나 내집단 편애가 높은 것으로 나타났다(김기범·김미희 2003, 40–71).

06

오픈프라이머리와 정당,
당원 그리고 유권자

손병권 · 중앙대학교

1. 오픈프라이머리 논쟁의 출발

2015년 김무성 새누리당 대표는 7월 13일 대표 취임 1주년 기념 기자회견에서 모든 정당이 같은 날, 같은 시간에 당원과 국민이 참여하여 각 당의 국회의원후보를 선발하는 완전 개방형 경선, 즉 오픈프라이머리를 실시하자고 다시 한번 제안한 바가 있다(서울신문 2015/07/13).[1] 제안 과정에서 김무성 대표는 오픈프라이머리가 새누리당의 당론이며, 새정치민주연합에 대해서도 공천개혁에 동참할 것을 촉구하였다. 이러한 개방형 오폰프라이머리를 통해서 계파공천 등 공천의 부정과 잡음을 없애고 공천권을 국민에게 돌려주자고 정치권 전체와 국민에게 다시 한 번 호소한 것이다.[2]

　이러한 김무성 대표의 제안에 대해서 야당 내부적으로 다양한 의견이 제시되고 있는 형편이다. 그런데 여당의 제안에 대한 야당의 회답은 공천제도뿐만 아니라 선거구 조정 및 국회의원 선발제도의 변화와 관련되어 있어서 일원화되지 않은 실정이다. 새정치민주연합 내에서는 오픈프라이머리에 찬성하지만 20%는 전략공천의 몫으로 남기자는 주장도 있고, 공천제도보다는 비례대표의 수를 증가시키자고 하면서 권역별 비례대표제의 실시를 주장하기도 한다.[3] 실제로 선거구 수의 조정, 의원 정수의 확정, 선거제도의 변화 등과 맞물려 진행될 것으로 예상되는 오픈프라이머리는 여당 내에서도 친박 의원의 향방을 좌우하며 현실적으로 공천권의 한 주체인 청와대의 의중도 중요한 변수로 담아야 하기 때문에 아직 그 성사 여부는 확실하지 않다고 판단된다. 그럼에도 불구하고 공천 과정의 문제점이 제기될 때마다 이러한 잡음을 해소하기 위해서 "공천권을 국민에게 돌려주자"는 주장은 늘 호소력이 있다고 보이며, 따라서 20대 총선 이전의 성사 여부에 관계없이 상향식 공천의 다양한 형태는 지속적으로 정치권과 학계에서 논의될 수밖에 없을 것으로 보인다.

　이 글은 오픈프라이머리가 실시될 경우 한국적인 상황에서 어떠한 효과를 가져 올 것인지를 검토해 볼 필요가 있음을 염두에 두고, 오픈프라이머리가 지닐 수 있는 장단점을 정당, 당원, 유권자의 측면에서 종합적으로 검토해 보기로 한다.

정당이 살아야 **민주주의**가 산다

2. 미국의 오픈프라이머리

김무성 대표가 제안하고 정치권에서 그 찬반에 대한 의견이 개진되고 있는 오픈프라이머리는 형식상 미국이 정당공천 과정에서 사용하는 개방형 예비선거와 가장 유사한 형태를 띠고 있다. 미국의 경우 19세기 말 진보주의 시대 정치개혁의 과정에서 정당 보스의 영향력을 약화시키고 공천 과정의 부정부패를 없애기 위해서 예비선거 제도가 도입되었는데(손병권 2003; 안순철 2005), 연방의원 선거는 정당공천 방식으로 이러한 개방형 예비선거 외에도 폐쇄형 예비선거, 그리고 기타 다양한 형태의 예비선거가 존재한다.

이와 같이 다양한 형태의 예비선거는 대체로 유권자가 자신이 지지하는 정당의 예비선거에만 참여할 수 있는지의 여부에 따라서 나누어지는데, 이를 기준으로 개방형, 폐쇄형, 준폐쇄형, 그리고 넓은 의미에서 개방형으로 포함될 수 있는 (서로 내용이 조금씩 다른) 포괄형 예비선거(blanket primary)도 존재하고 있다. 이러한 포괄형 예비선거는 내용이 조금씩 다르기는 하지만 알래스카, 캘리포니아, 워싱턴, 루이지애나 등 일부 주에서 실시되고 있다.

이미 꽤 알려져 있는 것과 마찬가지로 미국의 경우 폐쇄형 예비선거는 정당의 당원, 즉 특정 정당을 지지한다고 표기한 등록 유권자만이 그 정당의 예비선거에 참여하는 형태이다. 이와는 달리 개방형 예비선거는 이러한 정당지지를 불문하고 모든 등록 유권자와 무당파 유권자가 참여하는데, 어느 정당의 예비선거에도 하나만 선택하여 참여하는 형태이며, 준폐쇄형은 특정 정당의 예비선거에 그 정당지지 등록 유권자와 무당파 유권자만이 참여하는 형태라고 할 수 있다. 일부 소수의 주에서 실시되는 포괄형 예비선거는 하나의 동일한 투표용지에 모든 정당의 후보의 이름이 정당 소속을 불문하고 인쇄되기 때문에 정당주도 예비선거(partisan primary)가 아니라 비정당형 예비선거(non-partisan primary)로서 유권자 중심의 예비선거(voter primary)라고 볼 수 있으며, 또한 넓은 의미에서 개방형 예비선거에 포함시킬 수 있다. 그러나 정당이 주도하지 않는다는 의미에서 일반적인 개방형 예비선거와는 다르다고 할 수 있는데, 특히 캘리포니아 주나 워싱턴 주의 탑투 예비선거(top-two primary)는 본선에 진출하는 후보가 정당추천 절차를 거치지 않기 때문에 명백히 유권자 중심의 예비선거라고 할 수 있다.

미국의 연방의회 선거에서 현재 실시되고 있는 다양한 형태의 예비선거 제도를 두고 볼 때 김무성 대표가 제안한 오픈프라이머리에 가장 가까운 형태는 미국의 개방형 예비선거라고 할 수 있다. 특정한 정당에 대한 지지 표시에 관계없이 혹은 지지하는 정당이 없더라도 등록 유권자는 누구나 양당의 예비선거 가운데 어느 한 예비선거에 참여하는 것을 허용하는 제도가 개방형 예비선거 제도이기 때문에, 우리나라의 경우 당원과 일반 유권자를 모두 참여시키자는 취지로 제안된 것이 김무성 대표의 오픈프라이머리라면 이는 개방형 예비선거의 하나로 볼 수 있다.[4]

미국 의회 예비선거의 경우 미시간 주 등 대체로 20개 정도의 주에서 개방형 예비선거가 실시되고 있으며, 이러한 개방형 예비선거는 특정 정당의 예비선거에 그 정당의 지지자뿐만 아니라 다른 정당의 지지자 및 무당

정당이 살아야 **민주주의**가 산다

파 유권자가 참여하는 것을 허용하여 본선 경쟁력이 있는 중도적 후보를 선출하는 효과가 있다고 평가되기도 하지만 구체적인 경험적 증거는 없는 것으로 알려져 있다.[5]

3. 오픈프라이머리와 유권자, 그리고 당원

이와 같이 미국식 제도를 도입하여 한국의 공천 과정에 가히 획기적인 변화를 가져올 수 있는 오픈프라이머리의 장점과 단점으로는 어떠한 것들이 있는가? 그리고 이러한 장단점은 한국 정치에서 정당, 당원, 유권자 관계에 대해서 어떠한 영향을 행사할 것인가? 아래에서는 이러한 사항을 포함하여 오픈프라이머리의 장단점을 검토해 보고자 한다.

첫째, 오픈프라이머리는 무엇보다도 정당 공직선거 후보(이 글의 경우 국회의원 후보)에 대한 공천권을 정도지도부나 정당지도부가 임명한 정당공천위원회에서 행사하는 것이 아니라, 국민에게 돌려준다는 취지에서 민주주의와 개방성에 부합한다. 정당의 각종 '내려찍기 공천'이나 계파 분배식 공천의 종식을 기대할 수 있으며, 당원과 유권자가 중심이 되어 정당후보를 선발한다는 측면에서 오픈프라이머리를 통해 민주적인 정당성을 확보할 수 있다. 이 때문에 조직으로서의 정당은 약화되는 측면이 있을지라도, 정당과 유권자 및 당원과의 관계는 쌍방향적인 소통을 통해서 활성화될 수 있을 것으로 보인다.

둘째, 오픈프라이머리가 법률로서 실현될 경우 공천권이 지역구 유권자 및 당원에게 귀속되므로 정당지도부나 여당의 경우 의원들은 대통령의 지침에 구애받지 않고 오로지 지역 유권자와 당원을 중심으로 의정활동을 수행할 것으로 보인다. 물론 정당이라는 브랜드(brand)를 공유한 의원들이 정당지도부의 지침 혹은 여당은 대통령의 의사를 무시하면서 의정활동을 자유롭게 한다는 것은 현실적이지 않다. 정당을 공유하는 이상 정당의 집합적인 원내의 성과는 여당의 경우 대통령과 정당지도부를 포함하여 정당 소속 모든 의원들 사이에서 공유되는 것이기 때문에 정당의 대표인 대통령과 정당지도부의 의견은 존중될 것이다. 그러나 오픈프라이머리가 도입되면 공천권을 통해 본원적으로 의원들을 구속해 온 재선의 고리가 정당지도부에서 지역구로 옮겨질 것이기 때문에, 의원들은 정당지도부에게서 좀 더 자유로운 입장으로 지역구 중심의 의정활동을 펼쳐 나갈 것으로 보인다. 이와 같이 의정활동이 전개될 경우 지역구 중심으로 의원과 당원 및 유권자 간의 연계성은 더욱 심화되고 정당지도부와의 관계는 상대적으로 약화될 것으로 기대해 볼 수 있다.

셋째, 이와 같은 오픈프라이머리로 인한 공천의 민주화 및 개방성의 결과로 의원들이 좀 더 자율적인 의정활동을 수행할 수 있을 것으로 기대되면서, 무엇보다도 상임위원회 중심의 분권화된 의정활동이 전망된다. 과거 오픈프라이머리 등장 이전과는 달리 의원들이 지역구의 당원 및 유권자에 대해서 더욱 강한 책임을 느끼게 되면서, 지역구 유권자의 이익을 추구하기 위해서 이와 유관한 상임위원회에 소속되기를 희망하는 경향이 커질 것으로 보인다. 아울러 분권화된 상임위원회가 활성화되면서 상시적인 상임위원회 활동도 기대해 볼 수 있으며, 그 결과 상임위원회가 국민의 의사를 가장 먼저 민감하게 파악하여 유권자의 요구를 입법 과정에 반영하는 촉각조직으로서의 제 역할을 감당할 수 있을 것으로 기대된다.

넷째, 이와 같이 지역구에 대한 의원의 책임감이 신장되고 상임위원회 중심의 의정활동이 활성화되면서 의회의 행정부 견제기능 역시 여야를 막론하고 더욱 활성화될 것으로 보이며, 이러한 과정에서 지역구의 특성을 공유한 여야 의원들 간에는 정당 소속을 불문하고 서로 협조하는 경향이 나타날 가능성도 있다. 공천권이 지역구민 전체 혹은 당원들에게 있는 미국 의회의 경우 상임위원회 중심의 분권화 현상과 함께 상임위원회가 의회 전문성 심화의 핵심적 기구가 되어 행정부를 적극적으로 견제하는 모습을 보이고 있다. 이와 같이 상임위원회 제도가 활성화된다면 상임위원회를 중심으로 한 전문성을 토대로 의회의 행정부 견제기능이 강화될 수 있다.

마지막으로 전통적으로 지역주의가 극심한 일당지배 지역에서 정당후보 지명을 둘러싼 경쟁이 활성화되는 효과를 가져올 수 있다. 예컨대 특정한 정당이 지속적으로 정치적 패권을 행사해 온 영남과 호남지방에서 '공천이 곧 당선'이라는 등식이 오랜 기간 성립되어 왔는데, 이는 사실상 지역구 주민의 선택권을 박탈하는 것과 마찬가지여서 문제시되어 왔다. 특히 지역구 주민에 대한 인지도가 높지 않은 인물이 정당의 공천만으로 당선이 확정되는 것은 지역구 유권자에 대한 당선 의원의 책임성이라는 측면에서 문제가 크다. 이러한 일당지배 지역에서 후보 간 실질적 경쟁을 도입하는 오픈프라이머리 제도는 당내에서 정당후보가 되고자 하는 인물 간에 경쟁을 촉진하여 지역 주민에 대한 당선자의 책임성을 높일 수 있을 것으로 보인다.

위에서 지적한 다양한 장점에도 불구하고 오픈프라이머리는 아래와 같은 여러 가지 단점을 노출할 가능성도 있다. 모든 제도가 장단점을 지니고 있듯이 오픈프라이머리 역시 정당공천의 개방성과 민주성이라는 장점 못지않은 몇 가지 잠재적 문제점을 지니고 있는데, 오픈프라이머리의 추진 과정에서 이러한 문제점을 완화시켜 나가려는 노력도 필요하다.

첫 번째로 지적될 수 있는 문제점은 오픈프라이머리가 도입될 경우 조직으로서의 정당이 약화되고 정당의 정체성이 흐려질 수 있는 점이다.[6] 미국의 경우 19세기 말 진보주의 시대 정치개혁의 논리에 따라 공천권을 정당 보스에게서 당원에게 돌려준다는 취지의 직접 예비선거 제도가 도입되기는 했지만, 그 결과 역사적으로 정당조직이 약화되는 현상도 동시에 경험한 바 있다. 따라서 정당조직과 이러한 정당조직을 이끄는 정당지도부의 공천권이 제한될 수 있는 오픈프라이머리는 정당조직의 위축을 가져올 수도 있다. 특히 2000년대 초반 지구당이 폐지되어 정당의 지역조직이 약화된 상태에서 아무런 보완책이 없이 오픈프라이머리가 도입될 경우 정당조직은 더욱 약화될 것이다.

둘째, 오픈프라이머리의 취지가 약화될 정도로 일반 국민의 경선 참여도는 낮은 반면, 당원들에 의해서 주도되는 오픈프라이머리가 실시될 경우, 지역조직력이 뛰어난 후보 혹은 이념적으로 응집력이 높고 신속하게 움직이는 당원들에게 지지를 받는 후보가 경선 과정에서 유리한 위치를 점유할 가능성이 높다. 이럴 경우 오픈프라이머리는 그 원래 취지가 표방하는 바 개방성, 다양성, 포용성이 매우 약화된 채, 정당 내부에서 당원과 조직 중심의 후보공천 과정으로 변모될 수도 있으며, 반면 조직적이며 이념적인 당원의 적극적인 지지를 받는 후보가 당선될 가능성이 높아질 수 있다.

셋째, 위에서 지적된 사항과도 관련된 문제로서 오픈프라이머리가 실시될 경우 현역의원의 강점이 부각될 것으로 보인다. 일반적으로 현역의원은 지역구에서의 우월한 지명도로 인하여 도전자에 비해서 선거 과정에서 유리한 위치에 있는 것이 사실이다. 지역구 민원 사업, 지역구 수혜 국책 사업의 수주, 언론에 대한 노출 등을 통해서 도전자보다 훨씬 인지도가 높은 현역의원은 봉직 기간 동안 다져 놓은 지역조직력을 기반으로 선거운동을 추진할 수 있는 유리한 위치에 있다.

통상적으로 기존의 공천 과정에서는 전략공천이라는 취지로, 당원이 당론을 위반하거나 정당지도부의 의중과 달리 행동하는 경우, 또는 정당에 대한 국민의 불신을 덜어내고 정당의 이미지를 제고하기 위해 새로운 인물을 공천하는 경우가 빈번히 있어서 현역의원이 불이익을 감수하기도 했다. 그러나 새로이 오픈프라이머리가 실시될 경우 전략공천의 혜택을 받을 수 없는 정치신인은 자신의 역량을 동원하여 현직의원을 이겨야만 정당의 공천권을 쟁취할 수 있다. 현역의원에 비해 자금력, 조직력 등이 일반적으로 열세이며 인지도도 뒤떨어지고, 사실상 현역의원의 상시적 선거운동에 비해서 선거운동 기간이 제한되어 있는 정치신인 도전자들이 오픈프라이머리를 통해서 정당후보가 되는 것은 매우 어려울 수밖에 없다.[7]

마지막으로 오픈프라이머리가 실시될 경우 일시적으로 경선을 위해서 동원된 당원의 문제 및 입단 원서를 위한 금품 제공 등 선거에 부정이 있을 수 있다. 각 정당의 후보들이 경선에서 유리한 위치를 차지하고 많은 지지자를 확보하기 위해서 일반 유권자를 당원으로 급조하고 투표에 참여하도록 경쟁하는 경우, 입당을 권유하기 위해서 탈법적인 방법을 쓸 수도 있다. 또한 비록 탈법적인 방법이 아니더라도 정당정치에 관심이 없는 유권자들을 자신의 경선 지지 유권자로 만들기 위해서 입당을 종용하는 것은 그 자체로도 바람직하지 않다고 볼 수 있다.

4. 오픈프라이머리의 가능성과 한계

지금까지 이 글은 새누리당 김무성 대표가 제기하여 정치권에서 논쟁의 대상이 되고 있는 오픈프라이머리의 역사적인 기원과 그 장단점을 검토해 보았다. 마지막 절인 제4절에서는 지금까지의 논의를 바탕으로 오픈프라이머리가 실시될 경우 나타날 수 있는 문제점 및 이에 대한 대처 방안과 우려 사항 등을 검토해 보고자 한다.

첫째, 가장 큰 문제점은 오픈프라이머리가 도입될 경우 현역의원에게 매우 유리한 경선 과정이 진행되지 않을 것인가에 대한 우려이며, 이 역시 어느 정도 타당성이 있는 주장이므로 가능한 한 현역의원과 도전자가 공정한 선거를 할 수 있는 여건을 마련해 주어야 한다. 이를 위해서는 먼저 그 자체로도 비판의 대상이 되고 있으며, 특히 오픈프라이머리 도입과 관련하여 지역구 내에서 인지도가 높은 후보에게 유리한 여론조사 방식이 오픈프라이머리의 요소가 되지 않도록 해야 한다. 여론조사는 대체로 특정 정당과 무관한 사람들에게 응답을 요구할 수도 있으므로 개방형 예비선거에 참여하는 일반 국민(혹은 그 정당에 관심이 있는 사람들)과 전혀 다른 대상에게 즉흥적인 답변을 요구하는 방식이 될 소지가 있다. 또한 여론조사 방식을 둘러싼 잡음과 갈등이 상시적으로 나타나서 조사 결과에 대한 공정성 시비가 있기 때문에 이러한 방식은 지양되어야 한다.[8]

또한 현역의원에 대항하는 도전자가 예비후보자로 등록할 수 있는 기간을 대폭 늘리거나 예비후보자 제도를 아예 없애는 방향으로 선거법을 개정하여 정치신인이나 도전자가 현직의원과 보다 공정한 상황에서 경쟁할 수 있도록 해야 한다. 현역의원은 의정활동 및 지역구활동을 통해서 자신의 인지도를 높일 계기가 충분한 만큼, 사실상 상시적으로 선거운동이 아닌 선거운동을 하고 있다고도 볼 수 있다. 그러나 현역의원에게 도전하는 후보의 경우에는 이러한 인지도의 측면에서 현저히 불리하므로 제도 개선을 통해서 선거운동을 할 수 있는 충분한 시간적, 환경적 여건이 마련되어야 한다. 또한 현직의원의 이익이 경선 과정에서 두드러지는 만큼 정치신인과 도전자를 위해서 후보간 토론회가 활발하게 진행되어야 하며, 현직의원을 포함하여 이를 회피하는 후보에 대해서는 제재가 따르게 하는 방식도 강구되어야 한다.

둘째, 특정 후보를 지지하는 조직화된 세력이나 극단적인 당원, 유권자들이 경선에 참여하여 이들이 지지하는 후보가 득세할 가능성이 있다. 현재 미국의 경우를 보면, 특히 2010년 중간선거를 통해 티파티 지지세력이 공화당 경선 과정을 장악하면서 극단적으로 보수화된 후보들이 선발되어 원내에 입성한 후, 의사진행 과정에서 매우 대립적인 자세를 취해 국정의 원활한 진행을 어렵게 하는 경향이 있다. 정당을 특정한 방향으로 이끌려는 당원이나 지지세력이 오픈프라이머리에 적극 참여하여 경선 과정을 주도할 가능성도 배제할 수 없기 때문에 이러한 문제점도 오픈프라이머리의 도입과정에서 충분히 검토되어야 한다.

특히 영남, 호남지역 등 일당지배 지역에서 극단적인 경선 참여자의 활동이 두드러질 가능성이 있다고 보는데, 이는 경선의 승리가 본선의 승리를 가져올 수 있기 때문이다. 비교적 무당파 유권자와 중도파 유권자가 많은 서울이나 경기지역과 달리 지역주의 투표 경향이 강한 영남 혹은 호남지역에서는 선명성을 강조하기 위해서 매우 당파적이거나 극단적인 입장을 견지하는 후보에게 많은 지지자가 몰릴 수도 있기 때문이다. 따라서 상대방과의 선명성 경쟁이 더욱 치열해 질 수 있고 그 결과 당선되는 후보는 매우 당파적일 가능성이 있다. 이러한 우려 사항에 대해서도 사전적으로 충분히 논의될 필요가 있다.

오픈프라이머리가 실제 여야 간의 타협의 결과 법제화되어 실행되거나 혹은 어느 한 정당이라도 이러한 제도를 통해서 후보를 선발할 수 있다면, 이는 한국의 후보선발 제도의 역사에 의미 있는 한 획을 긋는 것이다. 우선 정당공천에 대한 잡음을 없애고 공천권을 국민에게 돌려준다는 정치 실험이 실현된다는 점에서 개혁의 의의가 있다고 판단된다. 동시에 오픈프라이머리가 국민적인 지지 속에 부작용을 최소화하면서 실행되고 장기적으로 정착된다면 의원들이 보다 확대된 자율성을 바탕으로 지역구 중심의 의정활동을 펼칠 것으로 기대해 볼 수 있다. 이 과정에서 상임위원회

정당이 살아야 민주주의가 산다

를 중심으로 하는 자율적이고 분권화된 의정활동이 진행되어 국민의 입법 요구를 수용하는 데 민감한 국회로 변화할 수도 있을 것이다. 오픈프라이머리를 통해 선발된 의원들이 향후 당파적인 정치를 깰 수 있을지 여전히 또 하나의 의문이 남지만, 상임위원회 중심의 운영이 정당 간의 갈등을 완화시키고 의원의 자율성을 높여 의회의 어젠다 설정기능을 제고하는 효과를 가져온다면 대통령 의제의 맹목적 수용과 그로 인한 정파적인 의사진행이 감소할 것이다. 결과적으로 정당갈등을 완화하는 효과도 있을 것으로 기대된다. 따라서 중요한 것은 이러한 장점을 잘 발전시키고 부수적인 문제점을 완화시키며 우려 사항이 현실화되지 않도록 제도 도입 과정에서 충분히 논의를 거치는 것이라고 할 수 있다.

1. 서울신문(2015/07/13) "김무성 취임 1주년, "오픈프라이머리 여야 동시 실시" 주장
   …이유 들어보니." http://seoul.co.kr/news/newsView.php?id=20150713500235
   &spage=19

2. 2004년 제17대 총선 당시 특히 열린우리당을 중심으로 다수 실시된 상향식 공천제도
   의 도입을 전후하여 정당지도부가 아닌 일반 유권자와 당원 중심의 상향식 공천제도
   가 반복적으로 논의되어 왔다. 이러한 상향식 공천제도의 의의와 효과 등에 대해서는
   김영태(2004), 전용주(2005), 정진민(2004) 등을 참조하기 바란다.

3. 실제로 2016년 제20대 총선을 앞두고 이러한 오픈프라이머리 도입을 둘러싼 여야 간
   의 입장 차이는 지역구 의원 수와 비례대표 의원 수의 분배 등에 대한 합의 도달의 어
   려움, 완전 국민참여형 경선제의 100% 수용에 대한 야당의 반대, 새누리당 내의 친
   박계 의원의 반발 등 여러 가지 변수로 인해서 잘 좁혀지지 않고 있는데, 2015년 추석
   이튿날인 9월 28일 김무성 새누리당 대표와 문재인 새정치민주연합 대표는 '안심번
   호 관련된 국민공천제'에 대해서는 어느 정도 의견의 일치를 보아 이를 정개특위에서
   강구하기로 합의하였다.

4. 일부 언론이나 정치인들이 주장하는 것처럼 오픈프라이머리에 일반 국민의 참여가
   저조할 경우 이는 개방형 예비선거라기보다는 사실상 미국식 폐쇄형 예비선거로 성
   격이 변화할 수도 있다.

5. Ahler et al.(forthcoming)은 2012년 캘리포니아의 탑투 예비선거 결과에 대한 연구
   이후 오히려 일종의 개방형 예비선거를 실시하는 지역인 캘리포니아 주의 후보자들
   이 더욱 당파적인 성향을 띠는 후보를 배출하는 경향이 있다고 적고 있다.

6. 미국의 경우 이러한 정당의 약화로 인해 최근 후보선발 과정에 정당의 영향력을 강화
   시켜야 한다는 주장도 제기되고 있다(Persily 2015).

7. 이러한 문제점을 염두에 두고 2015년 9월 28일 기자회견에서 김무성 대표와 문재인
   대표는 "신인들을 위한 예비후보 등록 기간을 선거일 전 6개월로 연장하고 예비경선
   홍보물을 전세대로 확대하기로" 합의했다(동아일보 2015/09/28). 이와 유사한 취지
   로 정치신인의 예비후보로서의 선거운동 기간을 늘리거나 아예 예비후보 제도의 규
   제 조항을 없애서 선거운동을 더욱 자유롭게 해야 한다는 주장에 대해서는 중앙선거
   관리위원회(2013)나 손병권(2015)을 참조하기 바란다.

8. 2015년 9월 28일 김무성 대표와 문재인 대표가 합의한 '안심번호를 활용한 국민공천

제 방안'은 일단 선거 참여 의사를 밝힌 유권자들 대상으로 안심번호를 부여하고 이후 모바일 전화를 통해서 여론조사를 실시하려 한다는 것으로서 여론조사에 따른 부작용과 부정 시비를 줄이는 대안의 하나로 논의되었다. 이러한 방식은 야권이 합의를 해주지 않는 이상 김무성 대표가 주장한 완전 국민참여형 경선제가 어렵다고 보고 합의가 가능한 방식으로 국민참여 경선의 취지를 살리려는 차원에서 양당 대표 간에 합의된 것으로 보이는데, 여론조사를 통해서 경선 과정을 실시한다는 발상은 여전히 그 자체에 문제가 있는 것으로 보인다.

07

아날로그 정당과 네트워크 유권자

: '제도 지체' 현상에 대한 고민

윤성이 · 경희대학교

1. 뉴미디어와 대의제도의 위기

정당은 대의민주주의의 근간이다. 정당의 위기는 곧 대의민주주의의 위기라 할 수 있다. 정당이 이익결집과 이익표출의 과정을 통해 국민의 정치적 의사를 잘 대의할 때 비로소 건강한 대의민주주의가 유지될 수 있다. 그렇지만 우리 정당의 현실은 그리 밝지 못하다. 무엇보다 정당에 대한 불신이 강하다. 동아시아연구원의 파워기관 신뢰도조사(2013)에 따르면 정당의 신뢰도는 10점 만점에 3.5점으로 대기업(5.7), 사법부(5.6), 정부기관 (4.8) 보다도 현저히 낮게 나타났다. 한국사회과학데이터센터(2010)의 조사에 따르면 한국 정당은 23.8%의 낮은 신뢰를 받는 것으로 나타났다(윤종빈·정회옥·김윤실 2014). 정당과 유권자 사이의 일체감 또한 매우 취약하다. 특히 이러한 약한 정당일체감은 젊은 유권자일수록 강하게 나타난다. 한국갤럽에 따르면 "지지하는 정당이 없다"는 비율은 20대가 44%, 30대가 51로 다른 연령대에 비해 부동층도 많다(조선일보 2015/08/18).

정당에 대한 불신과 약한 정당일체감 문제는 디지털네트워크의 확산과 함께 더욱 심각해질 것이다. 정당쇠퇴론에 따르면 디지털네트워크의 확산과 함께 그간 정당이 수행해 왔던 매개, 이익집약, 의제설정, 동원, 충원과 같은 기능이 약화된다. 무엇보다 디지털네트워크가 정부와 시민, 그리고 시민과 시민 간의 연결을 강화시키면서 그간 정당이 해 온 매개집단 (intermediary organization) 기능은 위축될 수밖에 없다. 정부는 효율적인 국정 운영을 위해 끊임없이 국민의 목소리에 귀를 기울이게 된다. 디지털네트워크를 이용해 행정 서비스를 처리할 뿐 아니라, 주요 정책을 결정함에 있어 시민들이 참여할 수 있는 채널을 점차 확대하고 있다. 수시로 온라인 여론조사를 실시해 시민들의 요구 사항을 파악하기도 한다. 정부가 디지털네트워크를 통해 시민들과 직접 접촉하게 되면 자연히 정당의 이익집약, 이익표출 기능은 약해지고, 정부는 의회와 정당을 우회하면서 국정을 운영하게 된다. 또한 일반 시민과 이익집단들이 디지털네트워크를 이용하여 자신들의 의제를 설정하고 지지집단을 동원할 수 있게 된다면 굳이 정당과 같은 매개집단에 의존할 필요성을 느끼지 못하게 된다. 시민들은 자신의 정치적 결정권을 더 이상 정치 대리인에게 위임하려 하지 않을 것이며, 결국 정당은 디지털네트워크에 이익대표 기능을 내줄 수밖에 없는 상황이 된다.

디지털네트워크의 확산에 따른 대의제도의 위기를 걱정하는 것은 뉴미디어 정치가 과거 산업사회의 정치와는 다른 양상을 보이기 때문이다. 뉴미디어 정치가 과거와 다른 양상으로 전개될 것이라 예측하는 이유는 정치의 주체이자 주 대상인 시민의 특성이 변하기 때문이다. 과거 문자 발명, 출판 기술의 발달, 매스미디어 확산의 역사에서 볼 수 있듯이 매체 발달과 커뮤니케이션 양식 변화는 개인의 일상생활뿐 아니라 정치에 대한 인식과 행동에 변화를 가져왔다. 따라서 뉴미디어의 확산 또한 개인의 인식과 행동에 많은 변화를 가져올 것이며, 그렇기 때문에 뉴미디어 시대의 정치는 산업사회와는 다른 양상을 보일 것이다. 돌턴(Dalton)은 시민성의 특성이 의무적 시민(dutiful citizen)에서 관여적 시민(engaged citizen)으로 변하고 있다고 주장한다. 의무적 시민은 '투표하기', '세금내기', '군복무 충실히 하기', '법을 준수하기'와 같은 의무를 충실히 수행하는 것을 중시한다. 반면 관여적 시민은 '결사체에 적극적으로 참여하기', '자원봉사에 참여하기', '불쌍한 사람들을 돕기', '자기의 의견을 형성하기', '정치에 적극적으로 참여하기'와 같은 자기표현적 가치를 중시하는 특성을 갖는다(Dalton 2009). 한국 사례 연구에서도 소셜미디어를 많이 사용하는 사람일수록 자기실현적 가치를 중시하는 관여적 시민의 특성이 더 두드러진다는 점을 입증하고 있다(윤성이·김주찬 2011).

2. 뉴미디어와 정당의 변화

디지털네트워크의 확산에 따른 정당의 변화는 대체로 세 가지 방향으로 정리할 수 있다. 첫 번째는 기존 정당활동 방식에 뉴미디어를 활용하는 형태이다. 여기에서 나타나는 매체변화의 영향력은 마골리스와 레스닉(Margolis and Resnick 2000)이 말하는 일상의 정치(politics as usual)에 해당한다. 즉 정당들이 선거를 비롯한 매개기능의 효과를 높이기 위해 뉴미디어를 적극 활용하기는 하지만 매개활동의 주도권을 잃지 않으려 하며, 따라서 유권자들의 참여는 정당의 통제하에 제한적으로 이뤄지게 된다(Lilleker et al. 2010). 기존 정당조직과 후보자가 주도적으로 선거운동의 전략을 짜고 공약을 만들고 지지자들을 동원하며, 이 과정에서 유권자들은 동원의 대상에 머물게 된다. 정당 및 후보자와 유권자 간에는 과거 매스미디어 시대처럼 위계적(hierarchical) 권력 관계가 유지되며, 정치엘리트가 중심이 되는 대의민주주의 모델이 더욱 강화되는 양상이 나타난다.

디지털네트워크 확산으로 인한 정당 변화의 두 번째 시나리오는 크라우드소싱(crowdsourcing) 전략이다(Lilleker 2013). 여기에서 유권자들은 뉴미디어의 쌍방향 특성을 활용하여 정당의 정책 형성, 선거공약 선정과 홍보, 지지자 동원을 비롯한 정당활동 전 과정에 적극적으로 참여하게 된다. 정당정책을 만드는 과정에서 유권자들은 정당이 제시한 정책에 대해 토론하고 의견을 제시할 뿐 아니라 자신들의 정책도 제안하게 된다. 정당과 후보의 입장에서도 유권자와 함께 정책을 만들면서 정책 내용을 더욱 풍부하게 하고 유권자들의 요구를 좀 더 정확하게 반영하는 이점이 있다. 유권자들이 단순히 고객 입장에 머무는 것이 아니라 정당활동에 보다 적극적으로 개입함으로써 정당일체감이 높아지고 정당의 지지기반이 더욱 확대되는 효과도 기대할 수 있다. 정당과 유권자 사이의 상호작용이 활발해지면서 권력의 축이 엘리트에서 일반 시민으로 일부 이전되는 측면이 있기는 하나, 매개기능 수행의 주도권은 여전히 정당에 남아있다. 유권자 참여범위를 얼마나 확대할지, 그리고 이들의 의견을 정당활동에 얼마나 반영할지는 여전히 정당의 판단에 달려있는 것이다. 따라서 이러한 방식의 뉴미디어 정치가 확산된다면 참여적 대의민주주의 모델이 정착하게 될 것이다. 정치엘리트의 대표기능은 여전히 인정하면서도 그 역할은 자신의 판단에 따라 활동하는 수탁자(trustee)가 아닌 유권자의 요구를 성실히 대변하는 파견인(delegate)에 중점을 두게 될 것이다. 앞서 살펴본 '일상의 정치' 시나리오의 경우 뉴미디어 정치가 확산되더라도 의원은 유권자의 요구보다는 자신들의 판단력과 재량권에 근거하여 대표기능을 수행하게 되는 반면, 크라우드소싱 시나리오의 경우 의원들은 자신을 선출해 준 유권자의 뜻을 그대로 전달하고 봉사하는 파견인 역할에 충실하게 된다.

디지털네트워크의 확산이 가져올 변화의 세 번째 가능성은 전복(jamming) 시나리오이다(Lilleker 2013). 뉴미디어가 갖는 연결성과 전파성의 특성에 힘입어 유권자들이 자체적으로 정치적 메시지를 생산하고 전파하면서 정치 여론을 주도하게 된다. 정당이 제시한 정책과 상관없이 유권자들이 제시하는 특정 이슈가 공론의 장을 장악하게 되는 것이다. 그에 따라 정당의 본래적 기능이 전복되는 결과를 낳는다. 유권자들이 더 이상 정치적 소비자의 위치에 머무르지 않고, 정치의제를 생산·전파하는 생산

자적 역할을 하게 된다. 선거가 정당과 후보의 공약과 능력에 대한 평가가 되지 못하고 자칫 사적 집단들의 이익 다툼의 장이 될 가능성도 있다. 정당의 선거공약이 공적 차원에서 사회 전체의 이익을 고려하면서 만들어 지는 반면, 사적 집단의 경우 그렇지 않기 때문이다. 이 경우 이익결집과 대표라는 정당의 본래적 기능이 급격히 약화될 뿐 아니라 대표 선출이라 는 선거의 의미 또한 변질될 수밖에 없다. 대의민주주의의 근간이 되는 선 거제도의 변질은 민주주의 제도 자체에 대한 변화를 가져올 것이다. 유권 자 집단에 의한 정당전복 현상이 발생하면 대의민주주의는 더 이상 유지 되기 힘들 것이고 직접민주주의 성격이 강한 참여민주주의가 대신할 가 능성이 높다.

3. 제도 지체 현상의 극복

정당제도와 네트워크 정치 간의 관계 양상은 기존 정당의 안정성 및 네 트워크 참여 수용의지와 비제도적 네트워크 참여의 활성화 정도 간의 상 호작용에 의해 결정된다. 정당제도와 네트워크 정치 간의 상호작용 양상 은 엇갈림, 수직적 동화 혹은 맞물림 모형으로 구분할 수 있다. 우선 엇갈 림 모형은 수직적 대의제도와 네트워크 참여가 상호 충돌하는 양상을 말 한다. 정당에 대한 신뢰도가 낮고 대의제도 자체가 불안정하게 유지되면 서, 네트워크 참여에 대한 대의제도의 수용의지가 약하고, 비제도적 네트 워크 참여가 활발한 상황에서 대의제도와 네트워크 정치 간의 엇갈림 양상이 나타난다. 양자 간의 충돌이 지속된다면 대의제도와 네트워크 세력 모두 정치과정을 주도하지 못한 채 상호 불신하면서 불안정한 대의민주주의가 유지될 것이다. 수직적 동화 모형은 기존 정당제도가 새롭게 부상하는 네트워크 정치참여를 적극적으로 수용하는 양상을 말한다. 그 결과 엘리트 중심의 대의제도가 강화되면서 대의제도의 안정성은 높아진다. 이 모형은 정당제도가 안정적으로 작동하고, 제도를 통한 네트워크 참여가 강한 상황에서 나타난다. 대의제도가 주도적으로 네트워크 정치참여를 수용하면서 국회의 입법 과정, 정당과 의원들의 의정활동에 네트워크 여론이 반영될 수 있는 채널이 확대되고 다양해진다. 대의제도에 의한 수직적 동화 양상이 지속되면 대표자의 책임성과 반응성이 강화되면서 엘리트 중심의 대의민주주의가 안정적으로 유지될 것이다. 맞물림 모형은 기존 대의제도와 네트워크 정치가 상호 융합하는 양상을 말한다. 기존 대의제도의 네트워크 참여에 대한 수용의지가 강하고, 비제도적 네트워크 참여가 활발한 상황에서 맞물림 현상이 나타난다. 대의제도와 네트워크 세력 간의 맞물림 현상이 원활하게 진행된다면 대의민주주의는 참여민주주의 혹은 강한 민주주의(strong democracy)로 대체될 것이다.

정당강화론자들은 20세기의 대중정당(mass party)이 새로운 사회환경에 직면하여 포괄정당(catch-all party) 혹은 카르텔정당(cartel party)으로 변화해 왔듯이, 뉴미디어 시대에는 근대적 간부정당(modern cadre party)의 모습으로 새로운 환경에 적응할 것이라고 전망한다(Delpa and Tops 1995). 디지털네트워크 기술이 확산되면서 정당은 새로운 방식의 의사결정 과정을 도입하게 되고 디지털네트워크 기술의 발전으로 인해 당원과 일반 시민들의 정당활동 참여가 더욱 활성화된다. 디지털네트워크 기술을 활용하여 정당과 유권자 간의 소통이 활발해지면서 정당의 자율성이 더 강화될 가능성이 있다. 정당이 유권자와 직접 소통하면서 언론에 대한 의존도가 줄어들기 때문이다. 언론이라는 중간 매개체를 우회함으로써 정당은 의제설정, 프레임 형성, 전달 대상 설정에 독립적이고 자율적인 권한을 행사할 수 있게 된다. 또한 정당은 자신의 정책적 입장을 결정하는 데 디지털네트워크 기술을 활용할 수 있다. 뉴미디어 기술은 정당으로 하여금 유권자들의 생각을 용이하게 파악할 수 있게 한다. 온라인 여론조사를 통해 유권자가 선호하는 후보, 정책, 정당 이미지를 파악할 수 있다. 디지털네트워크 기술을 활용함으로써 유권자 맞춤형 정당으로 거듭난다면 정당의 미래는 더욱 탄탄해 질 것이다.

08

융합형 정당의 딜레마

: 선거 경험의 공유

장우영 · 대구가톨릭대학교

1. 2012년 대선과 정치적 융합

근대가 뚜렷한 개별 정체성을 추구하는 분리(divergence)의 시대였다면, 오늘날은 정체성의 공유와 수렴을 모색하는 융합(convergence)의 시대이다. 융합은 사회와 기술 발전에 상응하여 이질적 요소들이 경계를 넘나들며 모이고 섞이고 바뀌고 거듭나면서 새롭게 창발하는 현상이다. 오늘날 융합 현상을 가장 선명하게 보여 주는 기제는 미디어일 것이다. 단적으로 현대인의 일상을 지배하고 있는 인터넷과 소셜미디어(social media)가 융합 미디어이다. 인터넷과 소셜미디어는 고금의 다양한 미디어 양식과 플랫폼을 네트워크 기반으로 융합하였다. 나아가 유선에서 무선으로, 그리고 책상 위에서 주머니 속으로 이동하며 만유에 편재하는 융합 세계를 연출하고 있다.

정치의 세계에서도 융합은 화두이다. 최근 새누리당과 새정치민주연합이 내홍을 겪고 있는 오픈프라이머리(국민공천제)도 결국은 융합을 둘러싼 이슈이다. 공천권을 100% 국민에게 돌려주겠다는 이 아이디어는 기본적으로 공직후보 선출에서 정당과 시민 간의 융합을 목표로 한다. 이를 구현하기 위해서는 정치와 정보통신기술 간의 융합도 필수적이다. 그러나 그 이면에는 짙은 그림자가 드리워져 있다. 무엇보다 오픈프라이머리가 척박한 토양에서 소속 정당에 높은 충성과 헌신을 바쳐 온 당원을 소외시킨다는 것이다. 그리고 기술적 오류의 가능성이 적지 않으며 부정으로 인한 갈등비용을 사회가 치러야 한다. 또한 찬반을 둘러싼 계파 대립에서 드러나건대 이 제도가 반드시 공공선을 추구한다고 보기도 어렵다는 것이다.

이처럼 융합은 사회정치적 함의를 내포하는 탈근대적 현상이다. 따라서 어떤 원칙 아래 방향을 설정하고 목표를 추진하는가에 따라 융합의 딜레마는 증폭될 수도 완화될 수도 있다. 그리고 융합의 조건과 환경을 고려하는 사회적 지혜도 필요하다. 이 글은 18대 대선에서의 민주통합당 선거 캠페인을 사례로 정치적 융합의 딜레마를 압축적으로 논의하고자 한다. 즉 정치과정에서의 융합의 흐름이 무엇인지 그리고 융합이 정치에 미치는 영향이 무엇인지 시론적으로 고찰한다. 이 논의를 통해 정치적 융합의 의미를 음미하고 사회적 관심을 돋우는 첫걸음을 떼기를 기대한다.

2. 융합과 정당의 만남: 온-오프라인 융합과 정당-시민 융합

정치과정의 시각에서 융합은 미디어 환경과 생활 세계의 변화를 축으로 기존의 정치적 조직과 경계 및 제도와 관행을 조정하고 재구조화하는 현상이다. 대의민주주의 사회에서 정치적 융합은 일차적으로 제도의 담지자이자 변화의 압력에 가장 민감한 정당에게 소구할 수 있다. 정당은 근대 기획의 산물로서 강한 정체성을 추구하면서도 위기와 변화에 적응하는 전략을 통하여 발전해 왔다. 특히 미디어의 발달로 매개정치(mediated politics)가 활성화됨에 따라 정당은 가중된 위기를 겪으면서도 유연한 적응을 도모할 수 있게 되었다. 즉 미디어를 매개한 사회 제 부문의 도전과 시민참여가 정당의 위상을 위협하는 한편, 정당 또한 자원동원 능력을 배양하며 사회변화를 추동해 나갈 수 있는 것이다.

다양한 정당모델명이 시사하는 바처럼 정당은 부단하게 조직과 기능을 변모시켜 왔다. 특히 오늘날의 정당은 정보통신기술과의 융합을 근간으로 사회적 융합을 추구하는 양태가 두드러지고 있다. 개략하면 기술적 차원의 온-오프라인 융합과 정치적 차원의 정당-시민 융합으로 정당모델이 재구성되고 있다. 이러한 융합형 정당으로의 변화상은 크게 세 측면에서 논구할 수 있다.

첫째, 정당기능의 측면이다. 정당의 기능은 크게 두 측면으로 대별할 수 있다. 우선 일상적으로 지지집단을 대상으로 수행하는 이익의 표출·집약과 정치사회화 등 대표의 기능이다. 다음으로 정치엘리트 충원, 유권자조직화와 동원 및 정책 제시 등 통치의 기능이다. 그런데 선거 경쟁과 투표 유동성이 격심해지면서 대표기능은 약화되고 통치기능이 크게 촉진되고 있는 것이 정당정치의 현주소이다. 특히 매스미디어에 이어 온라인미디어의 등장은 선거캠페인을 전문화하며 이러한 흐름을 고무하고 있다.

둘째, 정당조직의 측면이다. 오늘날 정당조직은 정당기율과 위계에 토대한 당원과 기간조직 중심성이 크게 퇴조하였다. 당관료의 역할은 선거전문가들이 잠식하고 당원과 기간조직의 역할은 부유하는 지지층에게 맡겨졌다. 그리고 정당과 지도부보다 유력 정치인과 공직 선출자의 지지도가 더욱 중요해졌다. 이는 선거 정치에서 후보–전문가조직–지지층의 사인주의적(personalized) 결사로 나타난다. 이러한 현상은 선거머신(electoral machine)으로의 정당조직의 변화 동향을 시사한다.

셋째, 정당의 사회적 관계의 측면이다. 정당은 시민사회 균열 구조의 중개자이다. 그러나 오늘날의 정당은 특정 계급·계층과의 구조적 연계에 덜 속박된다. 즉 거대 이념의 형해화와 집권 전략에 따라 캐치올 이슈(catch-all issue)에 민감하게 반응하기 때문이다. 또한 같은 이유로 시민사회와의 연계도 정당조직과의 공적 구조적 연계보다는 유력 정치인과의 사적 연결이 두드러진다. 온라인미디어는 이러한 정치적 사인주의를 더욱 크게 자극한다.

그렇다면 정당과 융합의 만남은 어떤 결과를 낳을까? 이 질문은 크게 두 측면에서 답할 필요가 있다. 우선 정당의 발전 혹은 쇠퇴에 미치는 영향이다. 융합형 정당은 존속과 적응을 위한 시도이지만 그 결과는 쉽게 가늠하기 어렵다. 아울러 융합으로 인해 정당의 존재 양식도 탈근대적으로 탈바꿈할 수 있다. 다음으로 융합형 정당이 대의민주주의에 미치는 영향이다. 즉 정치적 융합이 대의정치를 일신하고 대중적 신뢰와 토대를 복원할 것인지가 관건이다. 왜냐하면 융합을 촉진하거나 저해하는 요인이 작용하기 때문이다. 이러한 문제의식을 가지고 다음 장에서는 민주통합당의 18대 대선캠페인 사례를 토대로 이 문제를 고찰해 보기로 한다.

3. 2012년 대선에서의 민주통합당의 융합 전략

이 장에서는 18대 대선에서의 민주통합당을 사례로 융합형 정당의 전략과 함의를 고찰한다. 주지하듯이 민주통합당은 전신인 새천년민주당 시절부터 기술 기반의 정치적 융합을 주도해 왔다. 융합 전략은 특히 선거 정치에서 두드러지게 나타났다. 16대 대선에서 개방형 국민경선을 도입하고 노사모로 표상되는 온라인캠페인을 개척하였다. 이어서 17대 대선에서는 개방형 국민참여 경선과 모바일투표를 도입하였다. 그리고 18대 대선에서는 여론조사를 폐기하고 모바일 선거인단을 대폭 확충한 완전 개방형 국민참여 경선을 시행하였다. 이러한 흐름이 고착된 것은 크게 두 가지 이유 때문이었다. 첫째, 보수 우위의 정치지형과 언론 환경에 따른 구조적 열세를 경합 구도로 바꾸어 내기 위한 전략의 일환이었다. 둘째, 노사모 캠페인의 흥행 이후 물신화된 성공 신화가 당내 정치문화로 자리

잡았다.

　그렇다면 18대 대선에서 민주통합당의 융합 전략은 어떻게 전개되었으며 어떤 결과를 낳았을까? 이에 대해서 기능적 측면에서 온라인캠페인, 조직적 측면에서 선거캠프, 사회관계적 측면에서 개방형 국민경선에 초점을 맞추어 논의하기로 한다.

　첫째, 온라인 선거캠페인 전략이다. 웹2.0 패러다임과 소셜미디어의 확산으로 18대 대선의 온라인캠페인은 소셜미디어가 주도적인 역할을 담당하였다. 소셜미디어 공간은 후보를 기축으로 유권자가 대단위로 연결된 융합의 공간으로서의 성격을 가진다. 우선 문재인 후보와 박근혜 후보의 소셜미디어 활용은 큰 차이 없이 수렴하는 양상이 나타났다. 이는 카카오톡·페이스북·트위터 이용자가 유권자의 절대다수를 포괄했기 때문이다. 다만 문 후보와 박 후보는 각각 개방성이 가장 큰 트위터와 폐쇄성이 가장 큰 카카오톡을 중심으로 유권자에게 소구했다는 차이를 드러냈다. 다음으로 트위터와 같이 진보층이 득세한 소셜미디어에서는 문 후보의 지지세가 앞섰지만, 다른 소셜미디어에서도 일관된 것은 아니었다. 가령 이념 색체가 약한 유튜브와 플리커의 경우 박 후보의 선전이 돋보였으며, 앞서 말한 카카오톡의 경우 고령층의 이심전심 연결이 가공할 만한 투표율을 촉발하는 데 기여했을 것으로 추단된다. 마지막으로 소셜미디어는 유권자의 지지를 바꾸는 개변(conversion)보다는 유지하는 강화(reinforcement)를 촉진하였다. 매스미디어에서도 이러한 경향이 관찰되어 왔는데, 특히 소셜미디어는 선택형 미디어라는 점에서 이 같은 경향이 훨씬 강하게 나타났다.

표 2-2. 박근혜·문재인 후보의 온라인캠페인 트래픽

채널	항목	박근혜	문재인
유튜브	게시물수	410	387
	최근 10개 게시물 조회수	52,345	1,684
플리커	게시물수	6,611	2,569
공식 사이트	자유게시판 게시물수	109	47

※ 공식 선거운동 기간의 수치임.

후보의 소셜미디어 캠페인에 대한 유권자 반응과 관련해서, 장우영의 분석(2013)은 흥미로운 결과를 보여 준다. 우선 최종 득표 결과와는 달리, 소셜미디어 이용자집단에서는 문 후보가 박 후보보다 더 많은 지지를 얻었다. 이러한 엇갈림은 진보층 중심의 소셜미디어 이용을 드러내는데, 이는 우리나라 선거에서 내성화된 경향이다. 다음으로 보수이용자에 비해 진보이용자의 소셜미디어 신뢰도가 더욱 높게 나타났다. 그에 따라 이용도 또한 진보층이 다소 높게 나타났다. 이에 비추어 보면 국가정보원의 선거 개입은 소셜미디어의 파급력에 대응하는 성격을 띠었으며, 일정한 정도의 오염 효과를 불러일으켰을 것으로 추단된다. 요컨대, 민주통합당의 온라인캠페인은 지지층을 넘어서는 융합을 이끌어 내지 못했으며, 온라인 여론과 오프라인 여론 간의 부정합을 확인케 하는 차원에 머물렀다.

둘째, 선거캠프 운용이다. 민주통합당은 대선에서 세 개의 캠프를 운용하였다. 흥미로운 점은 당조직(민주캠프)과 전문가조직(미래캠프) 외에 시민조직(시민캠프)을 가동하였다는 것이다. 시민캠프는 일종의 시민 융합 채널이었다. 특히 소셜미디어를 매개로 유권자의 자발적 참여를 목표로 하는 개방적인 조직모델을 추구하였다. 시민캠프는 SNS(Social Network

Service) 전문가를 비롯한 다양한 계층을 수용하고, 이를 통하여 사회이슈별로 온-오프 네트워크와 퍼포먼스를 조직하였다. 이를 위해서 창작공장과 SNS 지원단 등 콘텐츠 제작·소통 조직과 함께 27개의 온라인 미디어가 운영되었다.

그러나 취지와는 달리 시민캠프가 소기의 목표를 달성했는지에 대해서는 회의적이다. 우선 병렬적 캠프 운용에서 상호간 유기적 소통이 이루어지지 못하였다. 그리고 선거운동과 시민운동 및 후보지지층과 선거조직도 서로 연계하지 못하였다. 이는 시민 융합의 명분과는 달리, 그에 상응하는 조직 위상과 역할을 확보하지 못했기 때문이었다. 다음으로 시민캠프는 후보의 충성스러운 조직이었으나, 사실상 사인화된 후견조직으로 시민사회 일반을 포괄하지 못하였다. 이의 전범으로는 과거 노사모를 들 수 있다. 그런데 노사모는 정당이 갖지 못한 역동성을 가지고 사실상 당조직을 흡수한 온라인 선거캠프로 역할하였다. 그리고 온라인 공간에서 압도적인 우위로 여론을 장악하고 유권자를 동원하였다. 이런 면에서 시민캠프는 정당과도 소셜미디어 공간과도 융합하지 못한 매개조직으로서의 한계를 드러냈다.

셋째, 국민참여 경선이다. 국민참여 경선은 정당의 문턱을 낮추어 국민들에게 문호를 개방한다는 취지를 가지고 있다. 그러나 국민참여를 확대하기 위해 대단히 편의적인 참여 도구를 활용하면서 이해관계와 득실이 교차하기 시작하였다. 대표적으로 국민참여 경선을 실현한 모바일투표는 민주통합당이 사활을 건 전략이자 내부 분열의 도화선이었다. 우선 모바일투표는 대규모의 국민들을 용이하게 후보 선출의 장으로 동원한 융합의 도구였다. 실제로 전체 대선후보경선인단의 84%(약 90만 8천 명)가 모바일투표를 통해서 대선후보 선출에 참가했다. 그러나 이에 따라 당심이라 불리는 당원의 의사는 사실상 배제되는 결과를 낳았다. 특히 대의원의 경우 모바일투표 권한이 부여되지 않고 투표소 투표만 할 수 있었던 탓에 형평에 어긋나고 참여율도 저조하였다. 또한 모바일 동원 능력 차이에 따라 계파 간의 이해가 충돌하였다. 즉 당내 주류는 모바일투표 확대를 추진하였고, 비주류는 폐기 또는 축소로 응대하였다. 특히 대선후보 경선에 앞선 당 대표 선출에서 비주류 후보가 당원 득표에 앞서고도 모바일투표로 인해 근소하게 패배함으로써 비주류의 불신이 상당히 컸다. 여기에 더하여 모바일투표를 공직선거의 일부로 보느냐 또는 별개의 정당사무로 보느냐의 논쟁이 일어났다. 민주통합당은 공직선거법에 모바일투표를 규정하려고 시도하였으나 한나라당의 거부로 실패하였고, 중앙선관위 또한 민주통합당이 요청한 선거 관리를 거부하였다.

그렇다면 모바일투표는 어떤 결과를 낳았을까? 우선 대규모 국민 동원에 힘입어 주류 측 문재인 후보가 대선후보로 선출되었다. 문 후보는 당원 대상으로는 과반수 득표에 실패해서 당원 가중치를 부여했을 경우 손학규 후보와 결선투표를 치렀을 가능성을 배제할 수 없었다. 다음으로 모바일투표에서 드러난 실체적 잠재력 의혹과 오류로 인해 경선이 파행을 겪었다. 즉 선거인단 모집과 데이터베이스화 및 투개표 단계에서 여러 의혹과 오류가 불거졌다. 마지막으로 모바일투표 결과 비주류가 선거운동을 방임하거나 대오에서 이탈하였다. 이에 따라 국민 여론도 크게 악화되었다. 소셜매트릭스의 분석 결과 진보의 바다로 불리는 소셜미디어 공간에서도 모바일투표 언급 게시글 중 82.3%가 부정적인 반응을 보였다. 이는 곧 대선 패배를 예고하는 경종이었다.

4. 한국적 융합형 정당의 가능성과 한계

융합의 원천은 지식과 아이디어를 상보적으로 재창조하는 통섭(con-silience)이다. 무릇 통섭의 과정에는 개체나 집단의 이해가 깃들기 마련이다. 통섭 또한 적자생존의 한 방식이기 때문이다. 권력 다툼을 배경으로 하는 정치적 융합은 다른 분야에 비해 응당 이해관계 대립이 더욱 첨예하고 갈등비용도 더 클 것이다. 그럼에도 대의정치의 존속과 혁신을 위해서 융합은 도외시할 수 없는 생존 논리이다. 즉 대의는 권력의 제도적 위임을 뜻하기 때문에, 위탁자와의 융합 및 사회환경과의 융합이 필연적이다.

이 글에서 다룬 민주통합당의 18대 대선 캠페인은 정치적 융합의 흐름과 딜레마를 보여 준다. 18대 대선에서는 온라인캠페인 기제가 1인 기반의 소셜미디어 중심으로 재편되었고 시민참여의 층위와 규모도 대폭 확대되었다. 이 캠페인에서 나타난 가장 특징적인 현상은 융합이 탈대중정당으로의 흐름을 본령으로 이끌고 있다는 것이다. 비유하자면 시민참여를 촉진하는 제도와 전략은 정치적 융합의 상부 구조이고, 소셜미디어를 비롯한 정보통신기술은 그 토대라 할 수 있다. 즉 정치적 융합은 온라인 공간의 지지 클러스터, 정당 내 시민조직, 공직후보 선출의 제도적 개방 등을 통하여 추진되었다. 그리고 소셜미디어는 표적계층을 넘어 시민 일반의 포괄적인 참여 전략을 구현하는 인프라였다. 이 같은 융합의 흐름은 이미 매스미디어 등장과 함께 맹아를 틔웠고, 인터넷과 소셜미디어 등 융합 미디어 시대를 경과하며 무르익고 있다.

그러나 융합이 대의정치의 신뢰와 책임성을 복원할 수 있을지는 의문이다. 융합형 정당은 정치적 사인주의와 선거머신의 틀을 벗어나지 못하고 있기 때문이다. 그리고 융합으로 인해 상실하는 이면의 가치들도 문제이다. 가령 완전 개방형 국민참여 경선이 제도화될 경우, 정당의 기간조직과 당원의 존재는 무력해질 것이다. 또한 모바일투표의 예처럼 융합은 역설적으로 계파주의와 불신의 정치문화를 만연시킬 수도 있다. 아울러 국가기관의 선거 개입과 포털사이트에 대한 정치적 압력 등 부당한 저해 요인도 융합 효과를 왜곡시킬 수 있다. 즉 모든 융합이 좋은 융합(good convergence)은 아니라는 것이다. 중요한 것은 정치적 융합의 원칙과 방향과 목표에 대한 사회적 모색과 합의가 선행되어야 한다는 점이다. 그것이 좋은 융합으로 나아가는 길이다.

정당이 살아야 **민주주의**가 산다

제3부

시민의 정치신뢰와
정당정치

09

정치신뢰와 정당지지

서현진 · 성신여자대학교

1. 정치불신의 현주소

정치불신은 한국 정치가 당면하고 있는 여러 가지 난제 중 하나이다. 정치신뢰는 매우 광범위하고 다양하게 정의되는 개념이지만 정부, 국회, 정당, 정치인이 국민이 원하는 역할을 수행할 것이라 믿는 긍정적인 기대를 의미한다는 점에 많은 학자들이 동의한다. 정치신뢰는 주로 설문조사를 통해 측정되는데, 2014년 OECD 회원국을 대상으로 한 정부 신뢰도 조사에서 한국 국민의 정부에 대한 신뢰도는 34%로 평균 42%보다 낮은 수준이었다. 이는 최근 들어 새롭게 나타난 현상은 아니다. 2008년에도 메릴

랜드 대학의 세계여론네트워크(WPON), 한국의 동아시아연구원(EAI), 경향신문이 공동 조사한 바에 의하면, 정부를 신뢰한다고 답한 한국인 응답자는 18%로 총 조사 대상국인 주요 국가 19개국 중 가장 낮은 수치였다.

국회와 정당에 대한 신뢰도는 더욱 심각하다. 세계가치조사(World Value Survey)에 의하면, 국회를 신뢰한다고 답한 응답자 비율은 1990년에 34.2%에서 2000년에 10.8%로 추락했다가 2006년 20%, 2014년에는 26.6% 수준으로 회복되었다. 하지만 〈그림 3-1〉에서 보는 바와 같이 정부뿐 아니라 다른 기관과 비교해 볼 때, 국회와 정당에 대한 신뢰도는 가장 낮은 수준이다. 대통령이나 법원, 경찰, 군대 등 다른 기관보다 국회와 정당에 대한 신뢰도가 낮은 현상은 다른 여러 설문조사에서도 유사하게 발견되었다.

한편 정치인에 대한 신뢰도도 높지 않다. 〈그림 3-2〉를 보면 정치인의 행동이 당선 전후 다른지를 묻는 질문에 대해, 2007년 대선부터 2012년 대선까지 총 네 번의 선거 자료에서 상당수의 유권자들이 매우 그렇다

그림 3-1. 주요기관 신뢰도(%)

World Value Survey 2014

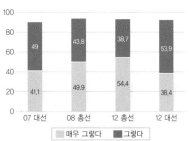

일반적으로 정치인은 당선된 후 선거 때 행동과 상당히 다르다.

그림 3-2. 정치신뢰도(%)

SBS·중앙일보·EAI 공동 여론조사

고 응답했음을 알 수 있다. 이처럼 다양한 종류의 설문조사 결과에서 공통적으로 정치불신이 높게 나타나고 정당과 국회에 대한 신뢰는 더 이상 떨어질 곳이 없을 정도로 낮은 상황이라는 점에 대해 사회적, 학문적 관심과 우려가 높아지고 있다. 이 글에서는 먼저 간략하게 정치불신의 전반적인 원인과 결과에 대해 정리하겠다. 그리고 정치불신이 높고 국회와 정당에 대한 신뢰도가 특히 낮은 현상에 주목하여, 정치불신과 정당일체감의 관계에 대해 논의하고자 한다.

2. 정치불신과 정당지지의 맞물림과 엇갈림

한국에서뿐만 아니라 대다수 선진 민주국가에서도 1960년대 이래 정치불신의 증대 현상이 보편적으로 나타나면서 그 원인과 영향력에 대한 많은 연구가 이루어졌다. 정치불신의 원인으로는 정치인의 비윤리적 행태와 자질 부족, 부정적 미디어 보도, 결사체 활동에의 참여 경험, 정부에 대한 지나친 기대 등이 주요 요인으로 연구되었다. 그 정치적 결과로는 투표참여의 하락과 저항정치의 만연, 기존 정당 전반에 대한 지지 하락, 무당과 유권자의 증대, 제3당 후보 지지 성향, 집권당 정책에 대한 반대와 정부의 통치 능력 상실 등이 손꼽혔다. 즉 정치불신이 정당지지 또는 정당일체감과 연관성이 있음을 보여 주는 경험적 연구들이 많았던 것이다.

전체적으로 연구 결과를 보면 민주주의가 제대로 작동하기 위해서는 정치신뢰가 정치과정 전반에 걸쳐 매우 중요한 요인임을 알 수 있다. 예를 들면 정치인에 대한 불신이 높은 사회에서 인재들은 공직자나 정치인이 되길 기피하게 되므로 수준이 떨어지는 사람들로 정부 인사가 채워진다. 이는 공직자와 정치인에 대한 자질 논란을 야기하고 이에 대한 부정적인 보도는 정치불신을 심화시킨다. 그 결과 대다수 국민이 정부의 권위와 정책을 신뢰하지 않게 되면서 정부의 효율성과 통치 능력이 저하되는 악순환이 계속되는 것이다.

정치에 대한 불신이 높은 사람들은 현실의 정치제도와 정치권이 시민의 요구를 제대로 수용하지 못한다고 생각하기 때문에 투표참여보다는 저항 정치를 통해 정치적 주장을 한다(서현진 2004; 이현우 2009; 최준영 2009; 류태건 2010; 유성진 2013a; 정한울·이곤수 2013). 이는 한국 상황에도 적용되었는데 민주화 이후 국민들의 민주화에 대한 기대는 높았다. 하지만 군부 정권의 연장선상에 있었던 노태우 정부는 국민의 폭발적인 정치요구와 기대를 충족시킬 만한 정통성과 능력이 부족했고 불법시위 비율은 역대 정권 중 가장 높았다. 당시 주요 이슈는 정부에 대한 더 높은 수준의 민주화와 정치개혁 요구였다.

민주주의가 공고해지면서 시위에 대한 제도와 문화도 변화되었고 정치에 대한 높은 기대감은 안정화되었다. 특히 여야 간 정권교체를 이룬 김대중 정부에서는 IMF 경제위기를 겪으면서 국민들이 정치만으로 모든 문제가 해결되지 않는다는 것을 경험하게 되어 정치에 대한 기대치가 하락했다. 그럼에도 불구하고 민주주의 공고화 과정에서 제도화된 참여보다 비제도적인 대규모 촛불시위나 온라인 참여가 정권마다 반복되는 현실을 이해하는 데 정치불신은 중요한 시사점을 제공했다. 정치적 효능감은 높지만 불신이 높은 사람들이 늘어나는 현상이 한국사회에 거대한 대중적 저항정치의 동력으로 작용했다고 학자들은 말한다.

한편 서구에서 주로 관심을 모았던 정치불신과 정당지지의 연관성에 대한 연구가 한국에서는 제한적으로 이루어졌다. 정치불신과 정당지지의 관계에 대한 이론적 추론이나 언급만 있었을 뿐 경험적인 연구는 거의 없었다. 그런데 정당정치가 활성화된 미국이나 서구의 연구 결과를 한국 정치에 그대로 적용하는 데에는 어려움이 있다. 왜냐하면 한국의 정당은 역사가 짧고 이합집산의 경험을 되풀이하면서 오랫동안 정치과정에서 자율적 역할을 하지 못하였다. 또한 민주화 이후 뚜렷한 정책적 차이를 보이는 정책정당으로 성장하지 못한 채 3김 중심의 인물정당, 사조직화된 정당, 지역정당이라는 비판을 받아 왔기 때문이다.

이처럼 정당 간 차이나 정책의 책임성이 모호하고 이합집산이 잦은 까닭에 국민의 정당일체감 형성은 어려웠고 정치불신은 심화될 수밖에 없었다. 이 시기에 한국에서도 정치신뢰도가 정당정치에 영향을 미친다는 경험적 근거가 확보되었다. 2004년 12월에 실시한 전 국민 여론조사 자료(서울신문과 사회과학데이터센터)를 분석한 연구는 한국에서 정치신뢰도는 여야 등 개별 정당에 대한 지지보다는 기존 정당 전반에 대한 지지와 연관성이 높다는 결론을 내렸다. 즉 정치불신이 집권당에 대한 불만으로 한정되기보다는 기존 정당체계 전반에 대한 불만으로 표출되고 있다는 것이다(서현진 2006).

그런데 2012년 한국종합사회조사(성균관대학교 동아시아학술원 서베이리서치센터) 결과를 활용한 한국 유권자의 정치신뢰와 정당일체감에 관한 최근 논문은 새로운 경험적 근거를 발견하였다. 정치신뢰가 높을수록 정당 일체감을 가지며 특히 다른 정당보다도 여당인 새누리당을 지지하는 경향이 있는 반면, 정치신뢰가 낮을수록 민주통합당을 포함한 야당을 지지하거나 무당파일 가능성이 높은 것으로 나타났다. 즉 한국 유권자의 정치신뢰가 기존 정당 전반에 대한 태도와 연결되는 동시에 여야에 대한 지지에 차별적인 영향을 미치고 있음을 발견한 것이다(윤종빈·김윤실·정회옥 2015).

SBS·중앙일보·EAI가 2007년부터 2012년 대선까지 지속적으로 실시

표 3-1. 지지정당별 정치신뢰도 평균(ANOVA) 분석

		대선07	총선08	총선12	대선12
새누리당	평균	1.92	2.14	2.71	2.77
	N	669	558	418	382
	표준편차	1.005	.874	.613	.683
민주당	평균	1.51	1.68	2.61	2.60
	N	335	283	404	357
	표준편차	.746	.776	.451	.443
소수 정당	평균	1.54	1.54	2.55	2.58
	N	103	87	123	110
	표준편차	.683	.625	.299	.400
지지정당 없음	평균	1.67	1.79	2.57	2.57
	N	263	225	459	393
	표준편차	.815	.698	.377	.387
전체	평균	1.74	1.91	2.62	2.64
	N	1370	1153	1404	1241
	표준편차	.907	.832	.478	.518
F(p)		18.530 (.000)	30.507 (.000)	7.486 (.000)	11.105 (.000)

※ 정치신뢰도는 "일반적으로 정치인은 당선된 후 선거 때 행동과 상당히 다르다"에 대해 1(매우 그렇다)에서 4(전혀 그렇지 않다)로 측정됨.

정당이 살아야 **민주주의**가 산다

한 선거 여론조사 자료를 바탕으로 매우 기초적으로 정치신뢰도와 정당지지 간 관계에 대해 살펴본 결과도 이와 유사하다. 〈표 3-1〉을 보면 "일반적으로 정치인은 당선된 후 선거 때 행동과 상당히 다르다"는 설문 문항에 대해 "매우 그렇다"와 "그렇다"고 답한 유권자 비율은 매우 높아 신뢰도가 낮은 수준 임을 알 수 있다. 정당지지자별로 정치신뢰도 평균을 비교해 보았을 때 민주당이나 소수 정당지지자뿐 아니라 지지정당이 없는 유권자들보다 새누리당지지자들의 정치신뢰도 평균이 높은 것으로 나타났다. 이런 결과는 통계적으로도 유의미했다.

그렇다면 새누리당지지자들의 신뢰도 평균이 높은 현상은 어떻게 해석되어야 할까? 지난 10년의 역사를 보더라도 여전히 한국의 정당은 이합집산 하고 있다. 10년 전에 한나라당, 민주당, 열린우리당, 민주노동당, 국민중심당 등이 존재했다면 현재는 새누리당, 새정치민주연합, 정의당이 있다. 한나라당은 2012년 미래희망연대와 통합되었고 새누리당으로 개명하였다. 열린우리당과 민주당은 2008년 통합민주당으로 통합되었고 2014년 안철수의 새정치 세력과 규합한 후 새정치민주연합으로 당명을 변경하였다.

이 외에 국민중심당, 자유선진당, 진보신당, 창조한국당, 국민참여당 등 여러 소수 정당이 존립했다. 그나마 가장 오랫동안 명맥을 유지한 소수 정당인 민주노동당은 2012년 통합진보당으로 당명을 바꾸었는데 2014년에 정당이 해산되었고, 이 중 일부는 2012년에 진보정의당을 창당하고 2013년 정의당으로 개명하였다. 이처럼 안정적이고 지속적인 정당일체감이 형성되기 어려운 환경은 계속되어 왔고, 현재 친박, 친이, 친노, 비노 등 정당 내 공천권을 둘러싼 계파갈등은 흔히 볼 수 있는 광경이다. 이런 모습은 유권자들에게 정당은 여전히 선거에서 이기기 위한 사람들의 조직이라는 인식을 심어 준다.

다만 지난 10년여 동안 새누리당 대 민주당이라는 양당 구도가 형성되어왔다는 점에서 새누리당지지자들과 다른 정당지지자들 간 정치신뢰도 차이를 설명할 수 있다. 국민의 참여와 표현의 자유를 최대한 보장하려 했던 탈권위주의적 노무현 정부에서는 국민들 간 이념갈등이 심화되면서 정치에 대한 기대가 양극화되는 현상이 나타났다(이현우 2009). 민주화 이후 선거를 통해 지역갈등이 고착화되고 심화되던 와중에 이념과 세대 갈등이 새롭게 등장하면서 정치갈등은 점점 복잡한 양상을 보였다. 2007년 대선을 기점으로 선거 과정을 통해 지역주의, 이념, 세대 등 복합적인 요인들의 갈등은 영남-보수-노년층 대 호남-진보-청년층이라는 양극화 구도로 점차 단순화되어 왔다.

양극화는 정당 간 갈등의 첨예한 대립을 의미하며 결국 유권자 층의 양극화 현상으로 이어진다. 정치적 양극화가 심화되면서 한국에서의 정치불신은 집권 정부와 정당에 대한 업적 평가적 성격으로 변모되어 왔다. 특히 한국은 대통령제 국가이지만 대통령과 집권 여당 대 야당이라는 구도가 형성되어 왔기 때문에 집권당을 지지하는 유권자들과 그렇지 않은 유권자들 간에 정치신뢰도는 차이를 보이는 것이다. 집권당을 지지하지 않은 유권자들은 선거에 참여한다고 해도 현 정부와 집권당에 대한 신뢰도가 낮기 때문에 반집권당 성향의 후보를 지지한다. 이런 현상은 결국 의회정치에도 심각한 영향을 미치는데, 다음에서 정치불신과 국회불신의 연

정당이 살아야 **민주주의**가 산다

관성에 대해 설명하면서 이 글을 마무리하고자 한다.

3. 정치불신과 국회에 대한 불신

앞서 살펴본 바와 같이 정치불신은 한국에서도 정당지지와 매우 연관성
이 높은 요인이다. 지난 10여 년간 정치신뢰는 지속적인 여야 갈등과 양극
화의 심화로 인해 집권당에 대한 지지와 반대로 나타났다. 정당은 국회를
구성하는 핵심 조직이며 정권 획득을 통해 국민의 이익을 대표하는 정책
을 수립한다. 따라서 정당 간 양극화의 심화는 궁극적으로 국회 운영의 교
착상태로 이어지는 결과를 가져온다. 정당 간 양극화는 중도 성향의 의원
들에게 양극으로 이동할 것을 강요하기 때문에 결과적으로 갈등을 조절
할 수 있는 완충지대는 사라지게 된다.

국회의 본질적 특성은 갈등의 공론장을 형성하는 것이지만 정당 간 갈
등의 심화로 인해 대화와 타협이 어려운 환경이 마련된다. 입법기관임에
도 불구하고 국회법에서 정한 규칙을 어기는 등 법을 무시하는 사례가 많
고, 폭력이 난무하는 의사결정 과정과 운영이 미디어를 통해 보도되며, 민
생법안의 처리가 무산되는 일이 빈번하다. 따라서 국회는 국민을 위한 기
관이 아니라 당리당략을 위한 기관이며 국회의원은 공천 받기 위해 존재
하는 것으로 인식되다 보니 사사건건 대립하는 국회를 보는 국민들의 실
망과 불신은 높아질 수밖에 없다(유성진 2009).

또한 합의가 부족하고 갈등이 첨예한 상태에서 국회는 다수결적 방식

을 선호하는 정당과 합의적 방식을 선호하는 정당 간 충돌이 발생한다(조진만 2009). '다수의 독주 대 소수의 횡포'라는 주장이 맞서는 가운데 국회는 대체적으로 수적으로 우세한 다수당의 의견대로 운영된다. 토론과 합의가 부족한 상황에서 일방적으로 법안이 통과되는 의회 운영에 대해 유권자들의 불만이 높아지며, 특히 무당파나 반대당지지자들의 불만은 다수당지지자들에 비해 높을 수밖에 없다. 이상과 같이 한국 정치에서 나타난 정치불신 현상은 정당, 의회정치와 밀접한 관련을 맺는다는 사실이 경험적 토대를 통해 검증되어 왔다. 더 세련된 학문적 연구와 활발한 사회적 논의를 통해 정치불신 현상을 해소할 수 있는 방안이 마련되고 더 좋은 민주정치가 실현되길 희망한다.

10

정치불신의 사회적 기원

장승진 · 국민대학교

1. 정치적 불신의 심각성

최근 들어 사회과학의 여러 분야에서 신뢰(trust)에 대한 관심이 매우 높아지고 있다. 일반적으로 신뢰는 거래비용(transaction costs)을 감소시킴으로써 경제적 효율성을 높여주는 한편 사회적으로도 인간관계의 불확실성을 제거함으로써 다양한 영역에서 협력을 증진시키는 사회적 자본(social capital)의 핵심적인 구성 요소로 인식되고 있다. 정치적으로도 신뢰는 시민참여의 양과 질을 높이고 부정부패를 줄임으로써 민주주의의 발전에 도움을 주며, 특히 정부 및 정치제도에 대한 신뢰는 보다 효율적인 정책

집행과 순응(compliance)에도 기여할 수 있을 것으로 기대되고 있다.

그러나 신뢰에 대한 관심이 늘어나는 것과 동시에 한국인들 사이에서 만연해 있는 정치적 불신과 불만에 대한 우려 역시 동시에 제기되고 있다. 물론 공적 제도에 대한 신뢰의 감소는 비단 한국의 문제만이 아니라 미국을 비롯한 대부분의 민주주의 국가에서 공통적으로 관찰되고 있는 현상이라고 할 수 있다(Nye et al. 1997; Pharr and Putnam 2000). 그러나 최근 여러 가지 지표에 의하면 한국인들 사이에서 나타나는 정치적 불신은 다른 나라와 비교했을 때 특히 우려스러운 수준이라는 조사가 잇달아 발표되고 있다. 예를 들어 OECD에서 최근 발표한 '2015년 정부백서(Government at a Glance 2015)'[1]에 따르면 2014년 현재 한국인들 중 정부를 신뢰하는 비율이 34%로 나타나서 OECD 국가 평균인 41.9%와는 상당한 차이를 보이고 있다. 34%라는 수치는 그나마 이전 조사인 2007년에 한국인의 10%만이 정부를 신뢰한다고 대답한 것보다는 크게 상승한 것이지만, 여전히 유럽의 주요 국가들이나 미국과 일본보다도 낮은 수준에 그치고 있는 것이다. 마찬가지로 한국인의 76.8%가 정부에 부패가 만연해 있다고 생각하는 것으로 조사되어, OECD 국가 평균인 55%에 비해 매우 높게 나타났다.

한국인들 사이에서 나타나는 정치적 불신의 심각성과 그 원인에 대해서는 다양한 진단과 해법이 제시되어 왔다. 그리고 많은 경우 이러한 진단과 해법에 대한 논의는 신뢰의 대상이 되는 한국의 정치인들과 정치제도가 과연 '신뢰받을 만한가(trustworthy)'라는 질문에서 출발하고 있다. 그러나 신뢰란 관계적인 개념으로서, 신뢰 대상의 신뢰가능성(trustworthiness)

에 대한 판단뿐만 아니라 신뢰의 주체가 얼마나 잠재적인 배신의 가능성에 스스로를 노출시킬 용의(commitment)가 있는가까지를 포함한다(Levi and Stoker 2000, 476). 실제로 기존 연구에 따르면 일반적인 타인에 대한 신뢰와 정치제도에 대한 신뢰가 서로에게 영향을 끼치는 것으로 드러났다(Brehm and Rahn 1997). 즉 한국인의 정치적 신뢰와 불신에 대한 논의를 위해서는 정치적인 영역에 국한되지 않는 일반적인 차원에서 한국인들이 얼마나 신뢰하는(trusting) 태도를 보이는가에 대한 고려가 반드시 필요하다는 것이다. 이러한 관점에서 본 장에서는 한국인들이 서로에 대해 그리고 한국사회 전반에 대해 가지고 있는 일반화된(generalized) 신뢰가 어떠한 특성을 보이는지 간략히 살펴보고 이것이 가지는 정치적 함의에 대해서 논의하고자 한다.[2]

2. 한국인의 신뢰 수준과 신뢰 반경범위

한국인들이 직접적인 접촉이나 연고를 가지지 않은 낯선 타인들을 얼마나 신뢰하는지와 관련하여 2010년부터 2014년에 걸쳐 실시된 제6차 세계가치조사(World Value Survey)에 따르면 "대부분의 사람들을 신뢰할 수 있다고 생각하는가 아니면 사람들을 대할 때 조심해야 한다고 생각하는가"라는 질문에 대해 한국인들의 29.7%만이 대부분의 사람들을 신뢰할 수 있다고 대답하였다. 동일한 문항에 대해 일본인의 35.9%, 미국인의 38.2%, 독일인의 42.0%, 스웨덴 인의 63.8%가 신뢰할 수 있다고 대답한 것과 비교해 보면 한국인들 사이의 일반화된 신뢰가 다른 국가들에 비해 상대적으로 낮은 수준이라는 점을 확인할 수 있다(〈그림 3-3〉 참조).

물론 한국인들 사이에서 일반화된 신뢰의 수준이 어느 정도인가는 조사 시점과 기관, 그리고 구체적인 설문 문항에 따라 일정한 차이를 보이는 것은 사실이다. 예를 들어 비슷한 시기인 2012년에 실시된 한국종합사회조사에 따르면 사람들을 '항상' 혹은 '대체로' 신뢰할 수 있다는 응답이 각기 3.7%와 37.1%로서 세계가치조사의 결과보다는 다소 높게 나타났다. 그러나 여전히 60%에 달하는 응답자들이 사람들을 대할 때 조심해야 한다고 생각하는 결과는 한국인들 사이에서 발견되는 일반화된 신뢰가 그리 높은 수준이라고 하기는 어렵다는 것을 보여 주고 있다.

한국인의 일반화된 신뢰는 2012년 한국종합사회조사에 포함된 다음의 두 질문을 통해서도 간접적으로 측정할 수 있다. 첫 번째로 대부분의 사람들이 "기회만 있으면 나를 이용하려들 것"이라고 생각하는지 아니면 "나를 공정하게 대할 것"이라고 생각하는지 질문하였다. 이에 대해 자신을 공정하게 대할 것이라는 응답이 39.7%로 나타난 반면에, 응답자의 30.5%와 29.8%는 각기 대부분의 사람들이 기회만 있으면 자신을 이용하려고 들거나 혹은 경우에 따라 다를 것이라고 대답했다. 두 번째로 "사람들이 대체로 남을 도우려 한다"고 생각하는지 아니면 "자신만을 위한다"고 생각하는지를 물어본 질문에 따르면 응답자의 40.8%가 대체로 남을 도울 것이라고 대답했으며, 자신만을 위할 것이라는 응답과 경우에 따라 다를 것이라는 응답은 각기 28.8%와 30.4%로 나타났다. 결국 한국인의 60% 정도가 타인의 공정성 및 이타주의에 대해서 유보적인 판단으로 내리고 있다는 점에서 위의 결과와 어느 정도 일관된 패턴을 나타내고 있다고 할 수 있다.

한국인들의 일반화된 신뢰와 관련하여 신뢰의 수준과 함께 고려해야 하는 것이 '신뢰가 미치는 반경범위(radius of trust)'라고 할 수 있다. 신뢰의 반경범위란 자신이 직접적으로 알고 접촉하는 사람, 예를 들어 가족이나 가까운 친척, 친구로부터 시작하여 직장 동료나 이웃, 나아가 잘 모르는 타인에 이를수록 신뢰의 범위가 어디까지 미치는가를 의미하는 개념이다. 직접적으로 알고 접촉하는 사람들을 신뢰하는 것은 어떤 의미에서는 지극히 당연한 현상이라는 점에서, 정작 중요한 문제는 과연 나와 긴밀한 유대와 연고를 가지고 있지 않은 사람들까지도 신뢰할 수 있는가이다. 이를 달리 표현하자면 신뢰의 대상이 되는 '대부분의 사람들'이 누구까지를 포괄하는가, 즉 일반화된 신뢰가 과연 얼마나 일반적인가라는 질문이라고 할 수 있다.

2012년 한국종합사회조사에 따르면 한국인들 사이에서 친척을 신뢰하는 비율은 88.3%, 친구를 신뢰하는 비율은 92.8%, 이웃을 신뢰하는 비율은 70.9%, 직장 동료를 신뢰하는 비율은 70.2%로 나타났다. 반면에 낯선 사람을 신뢰한다고 대답한 비율은 응답자의 10.5%에 그침으로서 직접적으로 알고 접촉하는 사람을 신뢰하는 비율에 비해 잘 모르는 타인을 신뢰하는 비율은 현격하게 낮은 것으로 조사되었다. 한국의 경우를 다른 국가들과 비교하기 위해 세계가치조사의 유사한 문항을 살펴보면 자신과 직접적인 연고를 가진 사람—가족, 지인, 이웃 등—에 비해 낯선 타인에 대한 신뢰가 낮은 현상 자체는 공통적이지만, 다른 국가에 비해 한국은 그

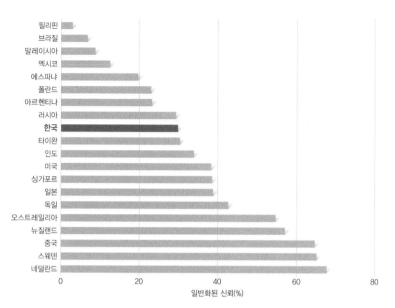

그림 3-3. 주요 국가들의 일반화된 신뢰 수준

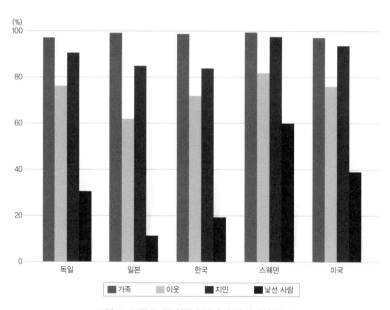

그림 3-4. 주요 국가들의 신뢰의 반경범위 비교

정도가 특히 심한 것으로 나타났다. 예를 들어 세계가치조사에서 독일인의 30.3%, 미국인의 38.7%, 스웨덴 인의 59.8%가 낯선 사람을 신뢰한다고 대답한 반면에, 한국인의 경우 낯선 사람을 신뢰한다고 답한 비율은 19%에 그쳤다. 다만 주요 국가 중에서 일본의 경우 타인을 신뢰하는 비율이 10.9%로서 한국보다도 더 낮은 수치를 기록하였다(〈그림 3-4〉 참조).

　이러한 비교는 한국인들 사이에서 신뢰의 반경범위가 매우 좁다는 사실을 보여 주고 있다. 일찍이 후쿠야마(Fukuyama 1995)는 한국사회를, 신뢰가 가족에게만 집중될 뿐 가족의 범위를 벗어나면 현저히 줄어드는 저신뢰 사회로 규정한 바 있다. 물론 가족의 바깥에 존재하는 친구나 지인, 이웃, 직장동료 등의 다양한 연고집단에 대해서도 한국인들이 상당한 수준의 신뢰를 가지고 있다는 점에서 후쿠야마의 진단은 다소 과장되었으며, 오히려 한국인들 사이에는 자신과의 친소 관계에 따라 신뢰의 '사회적 단층'이 존재한다고 보는 것이 보다 정확한 평가일 것이다. 즉 가족, 친척과 같이 가장 가깝고 거의 절대적인 신뢰의 대상이 되는 혈연집단, 두 번째로 이웃, 직장 동료 등 자신과 직접적인 관계를 갖는 연고집단으로서 역시 상당히 높은 수준의 신뢰를 공유하는 집단, 그리고 마지막으로 자신과 직접적인 관계를 갖지 않는 일반인들로서 매우 낮은 신뢰의 대상이 되는 집단으로 세 집단을 구분해 볼 수 있다는 것이다(한준 2008, 50-52). 그러나 한국인들은 여전히 자신의 혈연집단과 연고집단을 벗어나는 타인에게 신뢰를 일반화하지 않는 점을 부인하기 어려운 것이 사실이다.[3]

3. 한국사회의 공정성 인식

한국인들이 서로에 대해 낮은 수준의 그리고 협소한 범위의 신뢰만을 가지고 있는 것은 일반적으로 다른 사람들이 자신을 공정하게 대우하지 않을 것이라는 믿음과도 일맥상통하는 것이다. 실제로 2012년 한국종합사회조사에 따르면 "한국사회로부터 받는 대우가 자신의 능력에 비해 어느 정도로 공정 또는 불공정하다고 느끼는가"라는 질문에 대해 응답자의 27%만이 매우 혹은 약간 공정하다고 대답했다. 마찬가지로 자신의 노력에 비해 공정한 대우를 받고 있다고 느끼는 비율 역시 29%에 그쳤다. 또한 보다 구체적으로 자신의 능력이나 노력에 비추어 볼 때 자신의 소득이 받아야 하는 것보다 적다고 생각하는 비율이 응답자의 절반을 넘어가는 53.3%에 달하는 것으로 조사되었다.

한국사회에서 각자의 능력과 노력에 따른 적절한 보상이 이루어지지 않고 있으며 결과적으로 자신이 피해를 보고 있다는 인식의 배후에는 한국사회에서 의사결정이 이루어지는 과정이 상당히 불공정하다는 인식이 존재한다. 과연 한국인들은 한국사회의 의사결정 과정을 얼마나 공정하다고 생각하는지 알아보기 위해 아래의 〈표 3-2〉는 2012년 한국종합사회조사 중 "한국사회에서 중요한 결정을 내릴 때 다음과 같은 사항들이 일어나는 것이 사실이라고 생각하는가"라는 질문에 동의하는 비율을 보여 주고 있다.

정당이 살아야 민주주의가 산다

표 3-2. 한국사회의 절차적 공정성에 대한 인식

	동의하는 비율 (%)
혈연, 지연, 학연 등 연고가 작용한다	83.7
결정권자의 편견과 감정이 작용한다	78.4
적용되는 기준과 방침이 수시로 바뀐다	67.4
외부 압력이나 소위 '빽'에 의해 영향을 받는다	83.2
결정에 의해 영향 받는 대부분 사람들의 의견을 반영하지 않는다	52.4
필요한 정보를 충분히 수집하지 않는다	48.6

압도적인 비율로, 다수의 한국인들이 한국사회에서 중요한 결정을 내릴 때 혈연, 지연, 학연 등 연고가 작용하며, 외부 압력에 의해 결정이 영향을 받는다고 믿고 있다. 또한 한국사회의 의사결정 과정에서 결정권자의 편견과 감정이 작용하고, 적용되는 기준과 방침이 수시로 바뀐다는 인식에도 많은 한국인들이 동의하고 있다. 결국 많은 한국인들은 한국사회에서 의사결정이 매우 불공정하게 이루어진다고 인식함을 뜻한다. 이는 한국인들이 단순히 낯선 타인에 대해서뿐만 아니라 한국사회 전반에 대해서 그리 높은 신뢰를 보이고 있지 않다는 것을 의미하고 있다.

4. 정치신뢰 제고를 위한 경제적 불평등과 양극화 해소

지금까지 살펴본 바와 같이 한국인들의 사회적 신뢰는 그리 높은 수준이라고 하기 어려운 것이 사실이다. 그리고 서론에서 언급했듯이 신뢰가 대상의 신뢰가능성과 더불어 사람들의 신뢰하는 태도가 상호작용하는 관계적인 개념이라고 보았을 때, 한국인들 사이에 만연해 있는 정치적 불신은 정치인들과 정치제도의 낮은 신뢰가능성뿐만 아니라 기본적으로 한국인들이 신뢰하고자 하는 태도가 약하다는 사실 역시 반영하고 있다고 할 수 있다. 물론 이것이 한국의 정치가 보여 주는 여러 가지 문제점―예를 들어 정치인들의 부패 및 비윤리적 행태, 정부의 무능력과 정책적 실패 등―에 대해 일종의 면죄부를 주는 것은 아니다. 다만 정치적 불신의 문제를 완화하기 위해서는 신뢰의 대상이 되는 정치인과 정치제도의 신뢰가능성을 높이기 위한 노력과 더불어 정치 영역에 국한되지 않는 한국사회 전반의 사회적 신뢰를 증진시키기 위한 노력이 반드시 병행되어야 할 필요성을 보여 주는 것이다.

이와 관련하여 특히 우려되는 한국사회의 모습은 급격히 심각해지고 있는 경제적 불평등과 양극화의 문제라고 할 수 있다. 기존 연구에 따르면 경제적 불평등이 심각한 사회일수록 사람들 사이의 일반화된 신뢰가 낮게 나타나는 경향이 있다(Bjornskov 2007; Uslaner 2002). 이는 경제적 불평등이 악화되어 고소득층과 저소득층 사이의 격차가 증가하게 되면 사람들 사이의 협력과 유대에 부정적인 영향을 끼치며 결과적으로 사람들 사이에 일반화된 신뢰가 형성되는 것을 방해하기 때문이다. 결국 정치적 불신의 문제를 해결하기 위해서는 한국사회의 경제적 불평등과 양극화를 완화하기 위한 정책적인 노력이 필수적으로 요구된다고 하겠다.

■주 해설

1. http://www.oecd.org/gov/govataglance.htm
2. 일반화된 신뢰의 개념과 측정, 원인과 결과에 대한 전반적인 소개를 위해서는 다음을 참고하시오(Nannestad 2008).
3. 실제로 한 연구(Delhey et al. 2011)에 따르면 세계가치조사 자료에서 신뢰의 반경 범위를 통계적으로 보정하여 일반화된 신뢰의 수준을 다시 계산한다면 조사에 포함 된 어떠한 국가보다도 한국인들의 사이에서 신뢰가 가장 크게 하락하는 것으로 나타 났다.

11

소수자 이슈와 정당정치

정회옥 · 명지대학교

1. 소수자 보호와 민주주의

민주주의는 근원적으로 소수자 소외 문제를 야기할 가능성이 있다. 이는 민주주의의 주요 원리 중 하나인 다수결의 원칙에서 비롯되는 것으로, 소수자 집단의 정치과정에서의 배제 문제는 민주주의의 또 다른 주요 원리인 자유와 평등의 원리에 위배된다. 따라서 소수자의 권익 보호와 민주주의는 어찌 보면 근원적으로 충돌할 수밖에 없으며 정치제도에 의한 인위적인 조정이 절실히 필요하다.

소수자의 소외 문제가 극심한 정치환경은 민주주의의 질을 격하시키고 더 나아가 사회의 분열을 야기하므로 주요 정치적 행위자인 정당의 역할이 매우 중요하다. 이러한 문제의식하에서 본 글에서는 미국과 대비하여 우리나라의 소수자 문제와 정당정치에 대해 서술하고자 한다. 먼저 소수자는 누구인지 소수자에 대한 정의를 내리고 이에 기반을 두어 미국의 소수자 정치에 대해 개괄한다. 뒤이어 우리나라에서의 소수자 이슈와 정당의 역할에 대한 구체적인 논의를 전개할 것이다.

2. 미국의 소수자 이슈

소수자는 '신체적 또는 문화적 특징 때문에 사회의 다른 성원에게 차별을 받으며, 차별받는 집단에 속해 있다는 의식을 가진 사람들'이라 정의된다(박경태 2008). 소수자는 다수자와는 다르며, 소수자로 분류되기 위해서는 다음과 같은 네 가지 특징을 가져야 한다(Dworkin and Dworkin 1999). 첫 번째는 식별 가능성으로, 소수자들은 다른 집단과 구별되는 차이를 가지고 있어야 한다. 둘째, 소수자는 권력에 있어 열세의 위치에 처해 있다. 셋째, 소수자는 차별적 대우를 받는 사람들이다. 넷째, 소수자는 소수자 집단에 속한다는 스스로의 집단의식을 가지고 있어야 한다. 덧붙여 소수자는 정치적 소수자, 경제적 소수자, 문화적 소수자, 신체적 소수자 등으로 구분되기도 한다.

미국의 경우, 흑인과 히스패닉 그리고 아시아계 미국인들이 백인이라는 다수집단과 대비되어 인종적 소수자로 분류된다. 이들 인종적 소수자들과 관련한 미국 정치권의 논쟁은 흑인이 5분의 3의 인간으로 간주되던 노예제도의 시행 시기부터 계속되는 지난한 역사를 가지고 있으며, 최근에도 흑인에 대한 백인의 증오 범죄가 빈발하고 있어 현재도 진행형에 있는 미국의 대표적인 소수자 문제라고 할 수 있다. 또한 히스패닉 불법이주자의 증가로 인해 인종적 소수자 문제는 이민 이슈와 결합되어 열띤 논의가 전개되는 양상이다. 민주당은 불법이주자 문제에 대해 공화당보다는 대체로 우호적인 입장을 취해 왔다. 그리고 공화당 역시 인구수가 늘어나고 있는 히스패닉계 유권자의 지지를 확보할 필요가 있으므로 히스패닉계 이주자에 대한 민주당과 공화당 간 정책 차이는 앞으로 보다 모호해질 가능성이 있다.

더불어 미국 정치과정에서 동성애자 문제도 상당히 중요성을 갖고 있는 소수자 문제 중의 하나이다. 2015년 6월 26일 미국 연방대법원이 결혼의 권리가 인간의 기본권에 속하므로, 모든 주 정부는 동성이라는 이유로 결혼을 막을 권한이 없다고 판결함으로써 동성혼은 미국 헌법이 보장하는 권리가 되었다. 전통적으로 민주당은 동성애에 대해 애매한 입장을 취하였고, 공화당은 동성애에 대해 강력하게 반대해 왔다. 1980년대 이후 우위를 점하고 있는 공화당의 주요 전략 중의 하나는 낙태 반대와 더불어 동성혼 반대였기 때문이다(시사인 2015/07/11). 그러나 동성혼 이슈는 더 이상 정당별 지지에 따라 찬반이 명확하게 갈리는 이슈가 아니며, 오히려 현재 동성혼을 반대하는 집단이 미국 내 소수파에 해당된다.

미국 내 동성애 관련 여론의 추이는 지난 수십 년 동안 급격한 변화를 보였다. 미국의 동성애 합법화와 동성결혼 합법화에 대한 찬성 여론은 점차적으로 상승하는 모습을 보이고 있다. 동성애 전반에 대한 여론은 동성 결혼 합법화에 대한 여론보다는 상대적으로 긍정적이라고 볼 수 있다. 갤럽(Gallup)이 1977년부터 2015년까지 동성애 관계를 합법화해야 하는지를 설문조사한 결과, 1977년 당시에는 찬성과 반대가 43%로 비슷했었으나 2004년부터 찬성하는 비율이 가파르게 증가하면서 2015년 현재는 동성애 관계를 합법화해야 한다는 응답이 전체의 68%인 것으로 나타났다. 반면 합법화해서는 안 된다는 응답은 28%에 지나지 않아 합법화에 찬성하는 입장의 약 1/3밖에 되지 않았다. 또한 퓨리서치센터(Pew Research Center)가 2011년 실시한 여론조사에 따르면 민주당지지자의 67%, 공화당지지자의 40%, 무당파의 63%가 동성애가 사회적으로 받아들여져야 한다는 의견을 보인 것으로 나타났다.

동성결혼 합법화 역시 찬성하는 의견이 점차 증가하고 있다. 2015년 갤럽(Gallup) 조사에 따르면, 1996년에는 동성결혼 합법화에 반대하는 입장이 68%이고 찬성하는 입장이 27%에 불과했다. 그러나 찬성 의견이 점차 늘어나면서 2012년 이후 찬성 비율이 반대 비율을 역전한 것으로 나타나 2015년 현재는 동성결혼 합법화에 찬성하는 입장이 58%, 반대가 40%로 약 18%의 차이를 보인다. 또한 퓨리서치센터가 2005년부터 2015년까지 지지하는 정당에 따른 동성결혼 찬성률을 살펴본 결과 2005년 이후 공화당지지자, 민주당지지자, 무당파 모두 전반적으로 동성결혼 합법화에 찬성하는 의견이 증가하고 있는 것으로 나타났다. 특히 2005년 동성결혼 합법화에 찬성하는 응답자가 각각 46%, 45%였던 민주당지지자와 무당파는 2015년 약 65%의 응답자가 찬성한다는 입장을 보이면서 10년 동안 동성결혼 찬성 지지율이 약 20% 증가한 것으로 나타났다. 한편 상대적으로 동성결혼 합법화에 부정적인 입장인 공화당지지자의 경우 2005년 찬성하는 입장이 19%였으나 2015년 현재 약 15% 증가한 34%가 동성결혼에 찬성하는 입장인 것으로 나타났다.

이러한 여론의 추이에 반응하면서 오바마 대통령은 2008년 대선에서 동성혼에 대해 반대 입장을 분명히 했으나 2012년 11월 대통령 재선을 앞두고 동성혼에 찬성한다고 입장을 선회했다. 동성혼에 대한 찬성 입장 표명에도 불구하고 오바마는 선거에서 승리한 최초의 대통령이 되었고, 이는 동성애가 미국 내에서 더 이상 진보와 보수를 가르는 이슈도, 소수파의 이슈도 아니게 진화하였음을 의미한다.

3. 소수자 이슈의 정치화

우리나라 정치과정에서 소수자 문제는 미국과 비교했을 때 아직은 거대 이슈로서 자리를 잡지 못하고 있다. 그러나 세계화와 더불어 시작된 국제이주의 물결은 한국사회의 인적 구성에 급격한 변화를 초래하였으며, 1990년 이후 외국인노동자, 결혼이주여성, 다문화가정 자녀 등이 꾸준히 늘어 2015년 국내 체류 외국인은 150만 명을 넘어섰다. 이는 우리 국민 100명 가운데 3명이 외국인임을 의미한다. 가속화되고 있는 다인종, 다문화 현상은 우리 사회에서 인종적 소수자 또는 문화적 소수자 문제가 주요한 사회문제이자 정치 이슈로서 대두할 가능성을 무시할 수 없게 한다.

성적인 소수자로서의 동성애 문제도 아직은 초기 단계의 논의에 머무르고 있다. 그러나 동성애 문제 역시 앞으로 정치적 이슈로서 대두할 잠재력을 갖고 있다. 최근 들어 동성애 문제가 우리나라 정치과정 내에서 서서히 논의되고 있기 때문이다. 예를 들어, 서울시민 인권헌장은 '성소수자 차별금지' 조항과 관련하여 큰 논란거리가 되었으며 박원순 서울시장 역시 이 문제와 관련한 이념논쟁에 휘말리기도 했다. 또한 2014년 새정치민주연합 진선미 의원이 대표발의하고 같은 당 김광진, 배재정, 은수미, 장하나 의원과 통합진보당 김재연, 이상규 의원, 정의당 김제남, 박원석, 정진후 의원 등 모두 10명의 야당 국회의원들이 발의한 '군형법 일부개정법률안'이 군대 내 동성애를 옹호하고 조장한다며 보수 단체의 거센 반발을 사기도 했다. 이 개정안은 군형법 제92조 6항(추행)이 동성애자들의 인권을 현저하게 침해하므로 삭제해야 한다는 내용을 골자로 하고 있다. 2015년 6월 서울광장에서 열린 제16회 퀴어문화축제는 매스컴의 적지 않은 주목을 받았으며, 한국 최초의 동성결혼 소송에 대한 심리도 예정되어 있다. 또한 동성애를 다룬 교과서 및 각 지자체 인권선언 등을 둘러싼 논쟁도 존재한다. 이처럼 동성애에 관한 다양한 갈등이 존재한다는 것은 동성애 이슈가 우리 사회에서 더 이상 침묵의 이슈가 아니라는 것을 의미하며 향후 보다 더 현저성을 가진 이슈로 발전할 수도 있음을 뜻한다.

4. 한국의 정당정치와 소수자 이슈

소수자 이슈를 둘러싼 우리나라 정당정치의 지형에 대해 살펴보면, 아직은 정당 간 구별되는 뚜렷한 차이를 발견하기 어렵다. 먼저 소수자 집단 중에서 외국인 및 이주자에 대한 각 정당 간 정책을 분석해 본 결과, 외국인 및 이민 문제에 대한 뚜렷한 차이가 존재하지 않음을 알 수 있다. 〈표 3-3〉은 지난 19대 총선과 18대 대선에서 새누리당, 민주당, 그리고 안철수의 새정치연합이 내놓은 다문화 및 이민 관련 공약들을 정리한 것이다.[1] 그 내용을 살펴보면, 우선 어느 정당이든지 간에 거주 외국인에 대한 큰 관심이 없다는 것을 알 수 있다. 안철수의 새정치연합에서 미등록 이주 학생의 교육권 보장을 제시하고 있으나 구체적으로 어떻게 교육권을 보장할 것인지에 대한 설명이 되어 있지 않아 선언에 그치는 느낌이다. 그러나 흥미롭게도 모든 정당들은 결혼이주여성과 다문화가정의 자녀에 대해서만은 집중적인 지원을 공약하고 있다. 이러한 사실은 우리나라 거주 외국인에 대한 정책이 모든 외국인들이 아닌 일부의 집단, 즉 결혼이주여성과 그 여성이 한국 남성과 꾸린 다문화가정에만 국한되어 있다는 것을 알 수 있다. 이는 우리나라 정당이 국내 거주 외국인이라는 소수자 집단에 대해 매우 협의의 정치를 하고 있음을 뜻한다.

더불어 세 정당은 결혼이주여성과 다문화가정에 대해 매우 유사한 정책 방향을 제시하고 있어 뚜렷한 차별점을 찾을 수 없다. 새누리당, 민주당, 그리고 안철수의 새정치연합 모두 경제활동 촉진, 행정 서비스 제공, 교육 지원 등 정착 편의를 돕는 소극적 형태의 지원을 약속하고 있는 반면, 국

표 3-3. 우리나라 정당 간 외국인 및 이민 정책 차이

	19대 총선	18대 대선

새누리당	• 다문화가족 해체 예방을 위한 상담 강화
	• 다문화가족 자녀 맞춤형 교육 지원 등 다문화가족 지원 강화
		• 다문화가정에 대한 맞춤형 서비스 지원
		• 다문화가족의 적응 지원 강화
		  – '다문화가족생활지도사' 파견 사업
		  – '다문화가족종합정보콜센터' 운영
		  – 입국 5년 이상 결혼이민자를 최초 1년 입국 초기 결혼이민자와 멘토–멘티로 연계하는 멘토링 사업 실시

민주당	• 결혼이주민 체류권 보장, 통번역 서비스 확대, 다문화교육 개발 및 대학생 멘토링 운영
	• 이주여성 농어업인 후견인제 실시
	• 부처별로 분산된 다문화가족 지원체계의 개선을 통한 서비스 지원 내실화
	  – 취업교육 및 훈련 강화
	  – 결혼이주여성의 정착 지원을 위해 기업 연계한 '친정엄마 맺기', '자매결연' 등 사회교류 네트워크 구축 지원
	  – 한국어와 한국문화에 대한 교육 지원 및 통번역 서비스 확대
	  – 다문화가족 자녀를 위한 특별학급과 대안학교 지원, 다문화 교육에 대한 커리큘럼 개발 및 교사연수 실시
	  – 다문화사회에 대한 국민 인식 개선 프로그램 확대
		19대 총선 공약과 유사함

안철수의 새정치 연합	해당 없음	• 공공기관 일자리에 다문화가정 여성 등을 우선적으로 배려, 국가가 취업을 알선하고, 창업 지원을 확대 • 다문화가정 학생과 미등록 이주 학생의 교육권 보장과 교육내용 개선 • 다문화헌장 제정과 '문화적 표현의 다양성 보호와 증진 협약(CDA)'의 실효성 제고 – 문화다양성기금(유네스코 신탁기금) 출연 • 다문화가정 등 취약 계층에 대한 복지전달 체계 강화

※ 출처: 윤종빈·정회옥(2014)에서 재인용. 원 자료는 새누리당, 민주당, 새정치연합의 공약집에서 발췌하여 재구성한 것임.

적법을 비롯한 결혼이주 관련 법제의 개선 등 보다 적극적인 형태의 지원에 대해서는 세 정당 모두 전혀 언급하지 않고 있다. 이는 우리나라의 정당정치가 외국인이라는 소수자 집단의 권익 보호 문제에 있어서 초보적인 역할만을 하고 있음을 의미한다.

한편, 동성애 문제에 있어 우리나라 정당은 어떠한 역할을 하고 있는지 살펴보았다. 한국 정당사 첫 동성애 공식기구는 2004년 9월 민주노동당이 발족한 성소수자위원회이다. 민주노동당 김혜경 대표는 축사를 통해 진보정당인 민주노동당 안에서도 성적 소수자에 대한 무지와 편견이 있다면서 성소수자에 대한 편견과 차별을 바꾸어 나갈 것을 약속하였다.[2] 정당 내 최초의 동성애 공식기구가 설립된 후 십여 년이 흐른 지금, 한국의 정당정치에서 동성애 이슈는 어떠한 자리를 차지하고 있는지 각 정당의 강령을 통해 살펴보았다. 새누리당의 경우 제20조(차별금지)에 "당원은 합리적인 이유 없이, 성별, 나이, 종교, 출신지, 국적, 인종, 피부색, 학력, 병력, 신체조건, 혼인·임신 또는 출산 여부, 가족형태 또는 가족상황, 정치적 견해, 실효된 전과, 성적지향 등을 이유로 정치적·경제적·사회적·문화적 생활의 모든 영역에서 어떠한 차별도 하지 아니한다."라고 규정하고 있다.

유사하게 정의당도 제4조 2항에 "장애인, 청년, 노인, 성소수자, 이주민 등 그 누구도 성적지향과 정체성, 장애, 병력, 경제력, 나이, 언어, 국적, 인종, 피부색, 출신지역, 용모, 신체조건, 혼인여부, 임신 또는 출산, 가족형태 및 가족상황, 종교, 사상, 전과, 학력과 학벌, 고용형태, 사회적 신분 등으로 인해 차별받지 않도록 하고, 모든 사람이 평등한 생활을 영위하도록

표 3-4. 17대 총선에서 동성애 이슈에 대한 정당 간 차이

정당	답변	사유
한나라당	△	내용 없음
새천년민주당	△	동성애자들의 인권도 보호되어야 하며 행복을 추구할 권리 역시 보장 되어야 함. 그들이 행사하는 권리는 국가가 보장해 주어야 하며 이를 위해 이해와 포용이라는 사회적 관용을 통한 점진적인 법적, 제도적 개선이 필요함
열린우리당	○	성적 소수자의 권리도 보장되어야 하며 이들에 대한 제도적 차별은 부당함. 우리사회에서 일인가족 인정에 대한 가족관 확대에 비추어 상존하는 다양한 종류의 가족을 인정하고 보장해야 함. 이러한 사회적 경향을 따라잡지는 못할지언정 이를 제도적으로 제한하는 것은 인권침해의 소지가 있음
자유민주연합	×	내용 없음
민주노동당	○	법률적인 제한은 없으나 이에 대한 차별이 있을 경우 차별을 금지하는 차별금지법 시행해야 함

※ 출처: 경실련 "17대 총선 정당정책 비교평가" (2004)
※ "동성애도 이성애와 마찬가지로 인정해야 한다"는 질문에 대한 각 정당들의 답변을 정리한 것으로 ○ = '명확한 답변,' △ = '모호한 답변,' × = '무응답'을 의미함.

적극적 정책을 실시한다."고 되어 있다. 진보정당인 정의당이나 보수정당인 새누리당 간 동성애 관련 강령에 있어 큰 차이를 보이지 않는다. 이는 미국의 경우 진보정당은 동성애자 등 소수자 권익 보호에 있어 보수정당과 차이를 보이는 것과 대비된다.

한편 새정치민주연합은 "다양한 격차로 인해 차별받는 사회적 약자 및 소수자인 여성, 아동, 청소년, 노인, 장애인, 이주민, 기타 소수자의 인권을 존중하고 이들이 차별받지 않는 사회를 만든다. 0세에서 100세까지 평생 돌봄 체계를 실현하여, 돌봄 서비스의 공적 제공을 확대한다."라고만 언급하고 있다. 새누리당 및 정의당과는 달리, 새정치민주연합은 성소수자 또는 성적지향이라는 단어를 사용하지 않고 있으며, 소수자의 범주에

여성, 아동, 청소년, 노인, 장애인, 이주민만을 명확하게 포함하고 동성애자는 이 범주로 규정하지 않고 있다. '기타 소수자'라는 표현을 사용하여 이 곳에 성적 소수자를 포함한 다른 형태의 소수자 집단도 포괄적으로 규정하고 있어, 세 정당 중 동성애 문제에 대해 가장 소극적인 입장을 보이고 있다.

최근 한국 정치에서 새누리당이 오히려 새정치민주연합보다 진보적인 의제설정을 하는 경향을 보이는데 동성애 문제 역시 강령을 통해 살펴본 결과 새누리당이 동성애 보호에 대해 보다 명확한 규정을 가지고 있는 것으로 나타났다.

다음으로 최근 실시된 선거를 중심으로 각 정당들이 동성애 관련해 어떠한 공약을 제시했는지 살펴보았다. 17대 총선의 경우 경제정의실천시민연합(경실련)이 조사한 바에 따르면 열린우리당과 민주노동당만이 성적 소수자의 인권보호를 명시한 의견을 내놓은 반면, 한나라당과 새천년민주당은 모호한 입장을, 자유민주연합은 동성애 관련한 질문에 아예 답변을 주지 않은 것으로 나타났다.

18대 총선의 경우는 한나라당, 통합민주당, 자유선진당 등 대부분의 정당 공약집에서 동성애 관련 공약을 발견할 수 없었다. 오직 민주노동당만이 올바른 차별금지법 제정을 통해 성적지향에 근거한 차별을 근절하고 성소수자 인권보장을 위한 실효성 있는 대책을 마련하겠다는 공약을 제시하였다(〈표 3-5〉 참조). 19대 총선의 경우 역시 새누리당과 민주통합당은 동성애 관련 어떠한 공약도 제시하지 않았으나 통합진보당은 다양한 가족형태 존중, 동반자등록법 제정, 성소수자에 대한 편견과 차별을 조장

표 3-5. 18대, 19대 총선에서 동성애 이슈에 대한 정당 간 차이

정당	동성애 정책 포함	내용
18대 총선		
한나라당	×	내용 없음
통합민주당	×	내용 없음
자유선진당	×	내용 없음
민주노동당	○	• 올바른 차별금지법 제정으로 더불어 사는 사회를 만들어 나가야 함 – 사회적 차별 시정을 위해 범사회적 연대기구를 구성, 성적지향, 학력, 가족형태 등의 차별 근절 대책을 추진 – 성소수자의 인권보장에 대해 인권실태 조사, 인권보장 기본계획 수립 등 실효성 있는 대책을 마련
창조한국당	×	내용 없음
친박연대	×	내용 없음
19대 총선		
새누리당	×	내용 없음
민주통합당	×	내용 없음
통합진보당	○	• 다양한 가족형태 존중, 성평등 가족 및 사회 문화 정착 – 법률혼·혈연관계 외에 스스로 선택한 '생활동반자관계'의 법적 지위 인정: 사실혼, 동성애 커플, 비혈연 공동체 등의 사회보장·조세·재산 관련 권리 보장 • 다양한 여성의 차이를 존중하는 사회: 이주여성, 장애여성, 성소수자 여성, 여성농민 등 – 동반자등록법 제정으로 성소수자의 가족구성권을 보장 – 공무원, 일정 규모의 민간기업의 경우 성평등교육 이수 및 성소수자교육 이수 의무화 • 성소수자가 소외되지 않는 사회 – 누구도 소외받지 않는 '차별금지법' 제정 – 성전환자 성별정정특별법 제정 및 취업, 의료 지원 서비스 마련 – 후천성면역결핍증 예방법을 HIV/AIDS감염인 인권 증진 및 지원을 위한 법률로 개정 – 성소수자 편견과 차별을 조장하는 군관련 법 제도 정비

※ 출처: 18대 총선의 경우 중앙선거관리위원회, "제18대 국회의원선거 정당 정책·공약 모음집" (2008); 19대 총선의 경우 경실련, "19대 총선 124개 정당정책 비교평가" (2012); 새누리당, "2012 총선 새누리당의 진심을 품은 약속" (2012); 민주통합당, "내 삶과 대한민국을 바꾸는 민주통합당의 정책 비전" (2012); 통합진보당, "통합진보당 19대 국회의원 선거 분야별 공약 해설집" (2012)

표 3-6. 17대 대선에서 동성애 이슈에 대한 정당 간 차이

정당 (후보명)	동성애 정책 포함	내용
한나라당 (이명박)	○	• 소수자 정책 개선 – 소수자 정책의 개발 및 사회 참여를 보장하고 성적 소수자 등의 사회적 차별 방지를 위해 '사회다양성위원회' 설치
대통합민주신당 (정동영)	×	

민주노동당
(권영길)
	○	• 동성애커플 등 다양한 가족형태의 법적 인정
		– 비혼자, 성전환자, 동성애자의 실질적 입양권 보장
		• 성소수자 차별금지법 제정, '성소수자 인권보장 기본계획' 수립
		– 국가인권위원회 산하 '성소수자 인권실태조사위원회' 설치
		– 성소수자 인권실태조사위원회에서 5년에 한 번씩 성소수자 인
		  권실태 현황 조사, 성소수자 인권보장 기본계획에 권고안 제출
		• 미디어·교육·국방·형사절차 등 모든 영역에서 성소수자 인권
		  보장
		– 언론중재위원회 시정권고 심의 기준에 성소수자 인권보장 기준
		  반영
		– 방송위원회 심의규정에 성소수자 인권보장 기준 반영
		– 언론중재위원회 및 방송위원회 위원 대상 성소수자 인권교육 의
		  무화
		– 윤리·국어 등 이성애 중심적 교과서 전면 개정
		– 교사 대상 성소수자 인권교육 실시
		– 성소수자 학생 차별금지 및 관련 상담시설 설치
		– 군형법 '계간' 조항 삭제 등 동성애자 차별적 법령 개정
		– 수사기관 담당자 대상 성소수자 인권교육 실시

※ 자료: 한나라당, "일류국가 희망공동체 대한민국: 제17대 대통령선거 한나라당 정책공약
집" (2007); 대통합민주신당, "[제17대 대통령선거 정책공약집] 좋은 대통령과 함께하는 대
통합민주신당의 150가지의 약속" (2007); 민주노동당, "제17대 대통령 선거 민주노동당 정
책공약집" (2007)

하는 군 관련 법 제도 정비 등 매우 구체적인 공약을 내세워 다른 정당들
과 대비를 이뤘다 (〈표 3-5〉 참조).

한편 최근 실시된 대통령선거에서 각 후보자들은 동성애 관련하여 어떠
한 입장을 취했는지 분석해 보았다. 17대 대선에서 한나라당 이명박 후보

는 성적 소수자 등에 대한 사회적 차별을 방지하기 위해 '사회다양성위원회'를 설치하겠다고 공약한 반면, 대통합민주신당의 정동영 후보는 동성애에 대한 공약을 제시하지 않았다. 한편 민주노동당 권영길 후보는 매우 구체적인 성소수자 인권보호 대책을 내세워 다른 후보들과 대조를 이루었다(〈표 3-6〉 참조).

한편 18대 대선의 경우 새누리당 박근혜 후보와 민주통합당 문재인 후보의 공약집을 살펴본 결과 두 후보에게서 동성애 관련한 공약을 전혀 찾아볼 수 없었다.[3]

5. 소수자 보호를 위한 정당의 역할

이 글은 소수자 이슈가 한국의 정당정치에서 어떠한 위치를 차지하고 있는지를 고찰해 보았다. 기초적인 분석 결과가 보여 주듯이, 한국 내 대표적 소수자 집단인 외국인과 성적 소수자에 대한 정당의 관심은 그리 크지 않다. 급증하는 외국인 및 이주자로 인해 다문화 사회로의 전환이 가속화되고 있는 상황에서 각 정당들은 특별히 차별화되는 정책으로 경쟁을 하고 있다거나 적극적인 인권보호 정책을 펼치는 모습도 보이지 않는다. 성적인 소수자 문제 역시 최근 들어 한국사회에서 여러 가지 형태로 많이 논의되고 있지만, 이것이 정당정치 내에서 하나의 단일 이슈로서 다뤄지는 것을 기대하기는 아직 시기상조인 듯하다. 그러나 소수자 이슈는 어떤 이슈보다도 잠재적인 폭발성을 가지고 있는 이슈로서 앞으로 주시해야 할 이슈이다. 또한 사회통합과 민주주의의 측면에서도 소수자의 소외 문제는 결코 좌시될 수 없으며, 정당의 적극적인 대응이 필요하다.

우리나라의 소수자 인권보호는 국제적으로 비판을 받을 만큼 열악한 수준이다. 최근 국제인권단체 앰네스티 인터내셔널은 한국에서 외국인 이주노동자의 인권유린이 심각하다고 발표한 바 있다. 성적 소수자의 인권 관련해서도, 미국 국무부는 2014년에 발표한 인권보고서[4]에서 한국은 동성애에 대한 법적, 사회적 편견이 계속되고 있다고 지적하며, 헌법의 평등권 조항과 법률이 동성애 차별을 금하고 있으나 해당 법률은 성적 정체성에 근거한 차별의 구체적 내용을 특정하지 않고, 정부가 고용 시 동성애자 차별에 대한 정보를 제공하지 않고 있다고 비판했다. 또한 이 인권보고서는 한국 법률이 동성애자에게 차별 및 폭력을 가한 피의자에 대한 처벌 규정, 피해자에 대한 보상 규정이 없는 점도 지적했다.

현재 미국을 포함하여 20개의 국가가 동성혼을 인정하고 있다. 미국의 동성혼 합헌 결정은 동성혼 법제화가 조만간 국제사회의 표준이 되리라는 강력한 신호이다(시사인 2015/07/11). 또한 외국인 및 이주자의 문제는 세계화의 물결 하에서 우리나라가 피해갈 수 없는 문제로서 이들에 대한 적극적인 포용을 통해 보다 통합된 사회로 나아가야 할 것이다. 우리나라 정당들이 이러한 세계적 추세 속에서 적극적이고 선제적인 역할을 통해 소수자의 인권보호에 앞서가는 모습을 기대해 본다. 정당의 주요 임무는 사회적 갈등을 대표하고 조정하여 합리적인 해결책을 제시하는 것이고 소수자 이슈는 바로 정당의 그러한 임무 범위 안에 있는 중요한 문제이기 때문이다.

■주 해설

1. 공약을 정리한 내용은 윤종빈·정회옥(2014)에서 발췌하였다.
2. 인터넷 한겨레(2004/09/19)기사 참조 (http://legacy.www.hani.co.kr/section-003
   000000/2004/09 /0030000002004091911151001.html)
3. 참고한 자료는 새누리당의 경우 "제18대 대통령선거 정책공약 '세상을 바꾸는 약속,
   책임 있는 변화'" (2012), 민주통합당의 경우 "사람이 먼저인 대한민국: 국민과의 약
   속 119" (2012)
4. 미국 국무부가 발표한 인권보고서에 대한 자세한 내용은 한국일보(2014/03/24) 기사
   를 참고하여 재구성하였다.

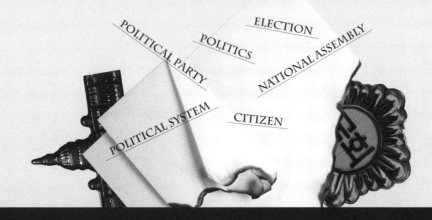

POLITICAL PARTY

POLITICS

ELECTION

NATIONAL ASSEMBLY

POLITICAL SYSTEM

CITIZEN

제4부

해외 정당의
유권자 소통 전략

12

정치불신의 시대 속 정당의 생존 전략

: 미국 정당정치의 경험

유성진 • 이화여자대학교

1. 정치불신의 시대 속 정당

어떠한 공동체든지 각기 다른 이해관계를 갖는 개인과 집단으로 구성되어 있기에 이해관계의 충돌과 이로 인한 갈등이 나타나기 마련이다. 차이에 대한 상호 인정에 기반을 두며 다양성을 전제로 하고 있는 대의제 민주주의는 이러한 갈등을 민주적 제도의 틀 내에서 해결하고 타협을 모색하는 체제이다. 대의제 민주주의에서 갈등의 관리 또는 해결은 일련의 정치과정을 통해 이루어지며, 그 속에서 정당은 핵심적인 위치를 차지한다. 정당은 시민사회와 정책 결정자를 연결시키는 매개체로서 시민사회의 이해를 파악하여 정책 결정자들에게 전달하는 한편, 입법기능을 통해 정책 결정에 관여하고, 유권자들을 대신해서 실행된 정책을 평가하는 기능을 수행한다.

정치에 대한 공동체 구성원들의 불신이 높아질 때 정당이 가장 큰 비난을 받게 되는 것은 바로 이런 이유에서이다. 정당이 시민사회와 정부 간 의사소통의 매개체로서 기능을 제대로 수행하지 못하여 유권자들의 선호가 정책에 잘 반영되지 못하거나, 시민사회에서 제기되는 문제와 갈등들을 제대로 관리, 해결하지 못하는 일이 빈번히 발생하면 유권자들은 정치에 대한 믿음을 잃게 된다. 신뢰가 결여된 정치는 유권자들에게 정당성 있게 받아들여지지 못할 뿐 아니라, 의사결정에 대한 정치행위자들의 예측을 어렵게 만들어 정치과정의 불확실성을 심화시킨다. 이러한 상황 속에서 유권자들은 정당과 정치인 등 정치행위자들의 약속을 신뢰하지 않을 뿐 아니라, 다양성을 전제로 하는 민주주의의 속성상 불가피하게 수반되는 갈등을 유권자들의 이해관계가 반영된 당연한 현상으로서가 아니라 정파적 갈등의 결과로 바라보게 된다.

현 시점 우리 사회에서는 '정당의 위기'라는 말이 상투적으로 들릴 정도로 정치에 대한 불신이 심각하다.[1] 정치에 대한 불신은 다양한 형태로 발현되는 갈등요인들을 더욱 증폭시켜 사회를 안정되지 못하게 만들며, 정치적 냉소와 무관심을 야기하여 유권자들이 정치과정에 적극적으로 참여하지 않고 방관자적인 위치에 머물게 한다. 게다가 정치행위자들도 갈등을 적극적으로 해결하기 위해 노력하기보다는 이에 편승해 스스로의 당리당략에 치중하는 파행적인 상황을 초래함으로써 종국에는 대의제 민주주의의 근간을 위협하게 된다.

그렇다면 민주주의의 제도적 안정성은 어떻게 확립될 수 있으며, 더 나아가 정치신뢰는 어떻게 회복될 수 있는가? 이 글은 한국 민주주의를 위협하는 정치불신 해결의 출발점이 정당기능의 재조정과 활성화에 있다고 보며, 미국 정당의 경험을 통해 한국 정치에서 신뢰가 회복될 수 있는 방안을 모색한다. 특히 이 글에서는 정치환경의 변화에 따른 정당기능의 재조정이 필요하며, 이에 있어 유권자들과의 접촉면 확대를 통한 유권자-정당 간의 연계 강화가 핵심이 되어야 함이 강조될 것이다.

2. 정치환경의 변화에 따른 정당기능의 조정

정당은 정치권력의 획득이라는 궁극적 목적을 위해 필요한 여러 가지 기능들을 수행한다. 정당의 기능과 역할은 여러 가지 측면에서 검토될 수 있지만 유권자와의 연계에 집중하여 살펴보면 크게 이해결집기능(interest aggregation function), 정책구현기능(interest articulation function), 충원기능(recruitment function)으로 구분될 수 있다(IDEA 2007).

이를 조금 더 부연하면, 이해결집기능은 정당이 유권자들과의 긴밀한 상호 의사소통 과정을 통해 이들의 선호를 파악하는 것을 의미한다. 정책구현기능은 유권자 선호를 바탕으로 실현 가능한 정책 목표를 제시, 법제화, 실행하는 것을 말한다. 마지막으로 충원기능은 조직으로서의 정당이 목표달성을 위해 인적 자원을 확충, 교육하여 미래의 정책 결정자로 양성하는 기능을 의미한다.

이러한 기능의 수행은 정당이 상정하는 유권자들의 범위에 따라 다른 양상으로 나타난다. 예컨대 선호의 파악 대상으로 지지 유권자 집단에 초점을 맞출 것이냐 혹은 포괄적인 유권자들을 포함할 것이냐에 따라 정당의 모습은 상향식(bottom-up) 혹은 포괄적(broad)인 형태로 나누어질 수 있으며, 파악된 선호를 정책으로 구현함에 있어서도 유권자의 범위를 어디에 두느냐에 따라 일관성(consistency)을 강조할 수도, 포괄성(comprehensiveness)을 강조할 수도 있다. 또한 충원기능에 있어서 정당은 지지 유권자를 대상으로 차별적인 과정을 통해 인적 자원을 구성할 수도 혹은 유권자집단 전체를 잘 대표(represent)할 수 있도록 총괄적(inclusive)인 방식을 취할 수도 있다.

그런데 이러한 정당의 기능은 성공적으로 수행되기 위해서 유권자들의 구성과 특성에 따라, 보다 일반적으로는 정치환경의 변화에 따라 달라져야 한다. 정보화사회에 따른 새로운 정치환경의 도래는 정당이 과거에 비해 더 똑똑하고 더 까다로운, 그리고 더 파편화된 유권자집단을 마주하게 하였으며, 이는 정당이 스스로의 기능을 수행함에 있어서 과거보다 더 복잡한 환경에 처해 있음을 의미한다. 즉 과거의 정당이 지지 유권자들의 선호에 초점을 맞추어 차별적인 정책을 구현하고 이를 통해 지지세력을 공고화하는 데에 집중하였다면, 더욱 파편화된 유권자집단을 맞이한 현재의 정당은 캠페인 방식과 유권자 연계 방식에 있어서 보다 포괄적인 유권자층에게 매력적으로 다가갈 수 있어야 한다.

결국 정치불신이 팽배한 현 상황과 파편화된 유권자집단이라는 구조적인 정치환경의 변화 속에서 정당은 구체적인 정책 영역보다는 장기적인 정책 방향의 설정에 집중함으로써 스스로의 브랜드 가치를 높여야 하는 책무를 부여받았다. 이는 정당이 '입법기능'으로 표상될 수 있는 '정책구현 기능'에 앞서 어떠한 유권자들이 어떠한 정책을 선호하는지를 파악하는 '이해결집기능'에 보다 치중해야 함을 보여 주며, 그 과정에서 갈등을 관리, 해결하는 능력을 얼마나 원활히 보여줄 수 있느냐가 정치권력 획득에의 중요한 열쇠가 됨을 의미한다.

3. 미국 정당의 생존 전략: 기능의 재조정을 통한 유권자 연계의 다층적 강화

미국의 정당들은 안정적인 양당 체제 속에서 유권자들과의 관계를 반복적으로 재설정함으로써 위기를 극복하여 왔다(Epstein 1986, Mair 2009, Ware 2009).[2] 20세기 후반 정당에 대한 유권자들의 연계가 약화되고 부정적 인식이 강화되면서 대두된 소위 '정당쇠퇴론(party-in-decline thesis)' 을 직능별 조직과 전국 차원의 정당조직 간의 긴밀한 연계를 강화하는 한편, 중앙 조직에는 선거 승리를 위한 지원 역할을, 지역조직에는 유권자 접촉 방식의 다양화와 접촉면 확대를 전담시키는 형태로 조직을 재정비함으로써 극복해 낸 미국의 정당들은 21세기 들어 새로운 위기에 봉착하

고 있다.[3]

　1970년대 이후 본격화된 민주/공화 양당 간의 극심한 분열과 정치적 양극화는 미국 유권자들 사이에 우려를 자아내었고, 글로벌 금융위기로 인해 어려움에 처한 미국 경제가 정치에 대한 불만과 함께 정당정치에 대한 불신을 다시금 높이고 있다. 이러한 불만은 '티파티 운동(Tea-Party Movement)'과 '월가를 점령하라 운동(Occupy Wall Street Movement)' 등과 같은 사회운동을 통해 표출된 바 있으며, 미국의 정당들은 이러한 유권자들의 새로운 움직임에 다시금 대응해야 할 처지에 놓였다. 이러한 위기에 민주당과 공화당은 사뭇 다른 대응을 하였는데 민주당이 다양한 유권자 집단과의 접촉면을 강화하고 이들을 아우를 수 있는 정책을 구사하였던 반면에, 공화당은 미국 고유의 가치를 한층 강조함으로써 보수적인 유권자집단을 결집시키는 방식을 취하였다.

　'정당-유권자 연계'라는 측면에서 이를 되짚어 보면, 민주당이 유권자 계층의 다원화에 주목하고 이들을 지지세력으로 포섭하려는 방편으로 유권자들과의 직접적인 접촉면을 강화하고 다양한 정책들을 통해 적극적으로 대응하였던 반면, 공화당은 극단적인 집단활동가 혹은 정당활동가들의 요구에 적극적으로 반응한 나머지 일반 혹은 보통 유권자들로부터 멀어지는 상황을 초래했고, 새로운 유권자집단의 포섭에도 큰 어려움을 겪고 있다. 현재 공화당이 겪고 있는 어려움은 지금의 유권자집단이 과거와 달리 한층 파편화되었을 뿐 아니라 정보통신기술의 발달로 정치정보에 용이하게 접근할 수 있어 의사결정의 독립성이 크게 높아졌다는 점을 간과한 결과이다. 즉, 현재의 유권자들이 의사결정을 함에 있어서 주도적인 활동가들에게 받는 영향이 과거에 비해 크게 줄어들었음에도 이에 제대로 대처하지 못하고 있는 것이다.

이렇듯 새로운 정치환경에 대응하는 방식에 있어서 민주당과 공화당의 차이와 그에 따른 성공과 실패는 '정당-유권자 연계'의 양상이 과거에 비해 한층 복잡해졌음을 시사한다. 과거의 단순한 '정당-유권자 연계'는 이제 '정당-정당활동가-유권자 간 연계'로 세분화되었으며, 이는 정당이 세 행위자들 간의 다층화된 연계를 각기 다른 방식으로 복원할 필요성을 야기한다.

앞의 논의에서 정당은 이해결집기능, 정책구현기능, 그리고 충원기능이라는 세 가지 기능을 갖는다고 제시한 바 있다. 공화당이 처한 현재의 위기와 딜레마는 정당이 유권자들과의 거리를 좁히고 긴밀한 상호 의사소통 과정을 통해 이들의 선호를 명확하게 이해해야 하는 이해결집기능에서 문제를 갖고 있음을 보여 주는 것이다. 다시 말해 공화당이 정당활동가들의 동원 능력을 지나치게 과신하여 이들의 선호를 유권자들의 선호로 오해함으로써 보다 포괄적인 유권자들과의 '거리 좁히기'에 실패하고 있으며, 그것이 공화당과 유권자들 간의 연계를 약화시키는 데 빌미가 되고 있다. 그러한 오해는 유권자들에게 공화당을 민주당에 비해 더 극단적인 성향의 정당으로 각인시켰고 그 속에서 공화당의 입지는 한층 더 좁아지는 결과를 초래하고 있다.

4. 정치신뢰의 회복을 위하여

정치불신이 팽배한 상황에 맞물려 파편화되고 정보에 대한 접근성이 크게 높아진 유권자들에게 매력적으로 다가갈 수 있는 정당은 무엇인가? 앞에서 여러 차례 강조한 것처럼 한국의 정당이 지금의 정치불신을 극복하고 정치과정의 중심적 행위자로서 위상을 회복하기 위해서는 다른 무엇보다도 이해결집기능을 강화하는 데에 힘써야 한다.

민주화 이후 한국의 정당은 권위주의 시기 취약했던 정책구현기능을 다양한 제도적 보완을 통해 복원하여 왔으며, 그 결과 정당을 중심으로 한 입법기능이 크게 강화되어 왔음은 부인하기 어렵다. 그러나 사회가 더욱 고도화됨에 따라 유권자집단의 구조적 분화 역시 심화된 까닭에, 정당이 유권자들과의 긴밀한 소통을 통해 선호를 파악하는 기능은 과거에 비해 크게 나아지지 못하고 있다.

지금 우리가 겪고 있는 정치상황의 변화는 정치의 질적인 변화를 요구하고 있다. 폭발적인 참여의 욕구를 분출하고 있는 유권자들이 바라는 질적인 변화의 내용은 유권자들이 동의할 수 있는 정치적 결정, 유권자들의 비판에 반응할 수 있는 정치행위자, 그리고 결과에 대한 동의와 제시된 약속과 실행된 정책에 책임지는 정치이다. 정치신뢰의 회복은 이 세 가지 어려운 문제를 정치행위자들이 진지하게 고민한 이후에만 비로소 가능하다.

정치신뢰 회복의 출발점은 우리의 정당들이 적극적인 소통을 통해 유권자들의 선호를 정확히 파악함으로부터 시작한다. 이러한 노력의 핵심에는

정당이 살아야 **민주주의**가 산다

다른 무엇보다도 유권자들의 의사를 지속적으로 확인, 반영할 수 있는 상시적인 소통 수단의 구축이 놓여야 한다. 다층화된 유권자들에 직면한 정당은 이에 걸맞는 다층적인 소통 채널의 구축을 통해 스스로의 정책에 대한 동의를 구해야 한다. 갈등에 기반한 전략은 일시적인 성공을 거둘 수는 있다. 그러나 중장기적으로 책임 있는 정치행위자로서 정당의 브랜드 구축을 어렵게 할 뿐 아니라 많은 유권자들을 정치로부터 멀어지게 만든다.

한국 정치에 대한 불신, 정당에 대한 비난과 냉소는 정당이 적극적으로 유권자들과의 연계를 구축하고 그 속에서 동의를 구하는 노력을 게을리 했기 때문에 나타난 결과이며, 의도되었든 그렇지 않든 간에 우리 정치의 불안정성을 더욱 가중시키고 있다. 결국 정당이 이해결집기능을 강화하고 그 과정에서 '갈등관리의 적극적인 주체'로 자리매김함으로써 갈등을 안정적으로 관리할 제도적 장치 마련에 성공할 경우에만 유권자들로부터 정치신뢰를 회복함은 물론 정치의 안정성도 담보될 것이다.

앞에서 살펴본 것처럼 '정당의 위기'는 미국의 정당들에게 위기를 가져다주었지만 이에 대한 적극적인 대처를 요구함으로써 재도약의 기회로 작용하였다. 한국의 정당들이 살아남기 위해서는 위기의식을 가지고 적극적으로 유권자들의 요구에 부응해야 한다. 결국 재도약의 과정에서 중요한 과제는 정치사회와 시민사회 간 소통 수단의 구축 및 강화인 것이며, 이를 위해 필요한 것은 위기마다 반복적으로 재현되는 이벤트성 개혁 노력보다는 지속적으로 문제를 파악, 수용할 수 있는 제도적 장치의 마련이다.

1. 한국종합사회조사(Korean General Social Survey)에 따르면 정치에 대한 국민들의 만족도는 조사가 시작된 2003년 이래 10%를 넘지 못하고 있다. 특히 국회와 정당에 대한 신뢰도는 다른 정부기관에 비추어 볼 때도 비교할 수 없을 정도이며 대부분의 여론조사에서 가장 낮은 신뢰 수준을 보이고 있다.

2. 이에 착안하여 엡스타인(Leon Epstein)은 미국 정당의 가장 큰 특징이 '적응성(adaptability)'이라는 용어로 표현될 수 있다고 보았다(Epstein 1986, ch.1).

3. 미국의 정당들이 '정당쇠퇴론'으로 표상되는 위기를 극복하는 과정에 관한 자세한 설명으로는 유성진(2013b), 특히 83-93쪽을 볼 것.

13

일본 자민당의 후견주의 약화와 정당-유권자 연계[1]

한의석 • 성신여자대학교

1. 자민당의 후견주의와 연계모델

일본의 자민당은 1955년 설립된 이래 1993년 총선거에서 패배할 때 까지 집권당으로서의 지위를 유지했으며, 1994년 6월까지의 비자민 연립정권 시기와 2009년 9월부터 2012년 12월까지의 민주당 집권기를 제외하고는 현재까지도 집권당으로서의 위치를 확고히 하고 있다. 그렇다면 자민당은 어떻게 이처럼 오랫동안 유권자 다수의 지지를 얻을 수 있었을까? 자민당의 장기 집권을 정당과 유권자의 연계(linkage) 방식이라는 관점에서 본다면, 후견주의(clientelism)가 가장 중요한 이유라고 할 수 있다. 후견주의란 정당 또는 정치인과 유권자 사이의 상호 이익에 기반 한 거래 관계를 말하는 것으로(Kitschelt 2000, 49-50), 정당이나 정치인은 선별된 유권자집단에 물질적 이익을 제공하고 유권자들은 이에 대한 보상으로 선거에서 지지표를 제공하는 방식으로 나타난다. 이러한 후견주의적 정치행태는 비판을 받는 경우가 대부분이지만, 자민당의 후견주의가 부정적이었던 것만은 아니다. 후견주의는 자민당과 유권자들 간의 긴밀한 연계를 가능하게 하였으며 보편적 복지의 대체물로써 재분배 기능을 수행하기도 하였다.

후견주의적 연계(clientelistic linkage)와 같이 정당(정치인)과 유권자 간의 연계 방식을 파악하기 위해 다양한 개념들이 제시되고 있다. 예를 들어 로슨(Lawson)은 참여적 연계(participatory linkage), 정책 반응적 연계(policy-responsive linkage), 보상에 의한 연계(reward linkage), 지접적 연계(directive linkage)의 네 가지로 유형화하고 있으며, 로버츠(Roberts)는 후견주의(political brokerage and patron-clientelism), 집체적 연계(encapsulating linkage), 정책적 연계(programmatic linkage), 인격적·카리스마적 연계(personalistic linkages and charismatic bonds)로 구분하고 있다(Lawson 1980; Roberts 2002). 한편 키�첼트(Kitschelt)는 정당과 유권자 간의 연계 방식을 후견주의적 연계와 정책적 연계, 카리스마적 연계(charismatic linkage)로 단순화하여 제시하고 있다.**2** 여기서 정책적 연계란 정당이 유권자 전체를 대상으로 정책 패키지를 제안하고 유권자들의 견해와 요구에 대해 정책을 통해 반응하는 방식을 말하며, 카리스마적 연계란 개인화된 지도자를 중심으로 형성되는 것으로 지도자의 개인적 자질이나 특성에 기초하고 있다. 카리스마적 연계는 특히 개인의 리더십이 제한되고 비개인화(depersonalized)되는 정책적 연계와 대비된다. 하지만 주의해야 할 점은 특정 시기에 각각의 연계 방식이 배타적으로 작동하는 것이 아니라 동시에 존재할 수 있다는 것이다(Kitschelt 2000).

일본 자민당의 55년 체제는 1993년 총선 패배까지 대략 40년간 공고하게 유지되었으며, 그 핵심에 후견주의가 있다. 일본의 후견주의는 개별 정치인 수준에서뿐 아니라 정당 차원에서 수행되었는데, 자민당이 집권당으로서의 입지를 강화함에 따라 후견주의 정치를 위한 국가자원의 동원이 더욱 용이해졌다. 리처드슨(Richardson)은 일본을 '정당 후견주의 국가(party clientelistic state)'라고 지칭하기도 했다(Scheiner 2007, 278). 일본의 후견주의는 공공사업, 정부 보조금의 제공과 세금 감면 등 다양한 방식으로 작동하였으며, 농민이나 건설업자 또는 농촌이나 소도시와 같이 특정 직업군이나 지역을 대상으로 정책적 수혜 제공함으로써 유지되었다. 자민당의 후견주의는 또한 중선거구제와 후원회 정치를 배경으로 개별 정치인들을 통해 행해지기도 하였다. 하지만 후견주의는 1980년대 후반부터 정치적 부패, 불필요한 공공사업과 국가자원의 낭비 원인으로 지목되면서 많은 비판에 봉착하게 된다. 특히 농촌지역에 집중된 자민당의 후견주의에 대한 도시지역 유권자들의 불만이 확대되었고, 수혜집단의 편향성과 자원 배분의 비효율성으로 미디어의 강한 비판에 직면하게 되었다(한의석 2011). 또한 경기 침체의 지속으로 자민당이 전통적 후견주의를 유지하는 데 필요한 자원의 확보가 어렵게 되었으며, 외국의 압력과 신자유주의의 확산으로 자민당 정부가 제공할 수 있는 정책적 수혜도 제한될 수밖에 없었다. 이를 배경으로 이루어진 1990년대의 정치개혁, 성청개혁 및 지방분권화, 2000년대 초반 시작된 고이즈미의 구조개혁 등을 통해 후견주의적 연계는 점차 약화되었다. 한편, 55년 체제에서 일본은 보수 자민당의 우위 속에 사회당을 중심으로 하는 혁신세력과의 경쟁이라는 보·혁 대립 구도를 지속해 왔다. 이 중 사회당의 경우에는 물질적 보상에 기초한 후견주의가 아니라 이념을 통해 유권자들과의 연계를 형성해 왔다고 할 수 있다. 하지만 사회당의 이념에 기초한 정당-유권자 연계 방식 또한 1990년대 중반 자민당과의 연립정권 수립 과정에서 정체성을 잃어버림에 따라 급격하게 약화되었다.

2. 자민당과 유권자 연계 방식의 변화

이처럼 자민당의 전통적인 후견주의의 약화와 사회당의 이념적 연계의 약화는 무당파층의 증가로 이어졌다.[3] 그 결과 1990년에 35% 정도로 추산되던 무당파층의 비율이 90년대 중반 이후에는 50~60%를 차지하게 되었으며, 2007년의 한 여론조사 결과에서도 "지지정당이 없다"고 답한 응답자의 비율이 40.3%이었고 "나는 무당파다"라고 대답한 비율은 60.2%에 달했다(中北浩爾 2012, 116; 井田正道 2007, 48). 정당정치에 대한 무관심과 불신이 증가하게 되면서, 안정적으로 유지되던 일본의 정당정치는 정당 및 정치인들 간의 계속된 이합집산과 함께 선거 유동성(electoral volatility)의 증가로 불안정성이 두드러지게 되었다. 후견주의의 약화는 농협이나 건설협회 같은 전통적인 자민당 지지집단의 조직표(organized votes) 감소 현상에도 잘 반영되어 있다. 그렇다면 후견주의가 쇠퇴하는 과정에서 이를 보완하거나 대체할 새로운 정당-유권자 연계 방식은 무엇인가? 키첼트의 모델을 기준으로 하면, 정책적 연계와 카리스마적 연계가 대안이 될 것이다. 특히 정책을 통한 연계는 규범적 차원에서 민주주의에 적합한 연계 방식으로 인식되고 있다. 정당의 입장에서도 정치적 비용의 측면에서 정책적 연계가 효율적이며, 정당의 정체성에 대한 명확한 인식을 바탕으로 유권자와의 안정적 연계가 가능하다는 점에서 바람직한 방식으로 간주할 수 있다(Luna et al. 2014). 반면 개별 정치지도자의 특성이나 자질, 매력에 중점을 두고 있는 카리스마적 연계의 경우에는 민주주의와 거리가 있는 부정적인 연계 방식으로 인식될 수 있다.

1980년대 중·후반 이후 자민당의 후견주의로부터 소외된 도시 유권자와 수출 중심의 대기업집단, 야당과 미디어 등의 비판이 심화되었다. 자민당은 다양한 정치·경제적 개혁 과정에서 후견주의를 통해 제공하던 수혜를 축소해야만 했고 기존의 이익유도 정치를 통해 안정적인 기반을 확보하고 있던 세력과 후견주의 정치행태의 개혁을 지지하는 세력 간의 당내 갈등이 불가피하게 되었다. 2001년 고이즈미의 집권은 자민당의 후견주의가 급속도로 약화되는 결정적 계기가 되었다. 후견주의에 뿌리를 둔 자민당과 유권자의 관계가 완전히 사라진 것은 아니지만, 새로운 유형의 정당-유권자 연계 방식을 모색하지 않을 수 없었다. 이처럼 자민당의 후견주의가 약화되는 과정에서 먼저 새로운 정당-유권자 연계 방식을 시도한 것은 야당인 민주당이었다. 자민당과 달리 국가자원에 대한 접근이 제한된 민주당으로서는 후견주의가 아닌 정책적 연계를 통한 유권자 동원과 지지 확보가 합리적인 방안이었다. 민주당은 매니페스토(manifesto)를 통해 유권자와의 새로운 관계를 모색하였고, 자민당 또한 유사한 방식으로 이에 대응하지 않을 수 없었다. 문제는 정책적 연계에 기초한 정당−유권자 관계는 각 정당들 간의 정책이 차별화된 정당체계 속에서 잘 형성될 수 있다는 점이다(Kitschelt and Wang 2014, 44). 2000년대 초반 민주당이 과거 자민당의 이익유도 정치를 비판하면서 내세웠던 개혁 정책들은 고이즈미의 신자유주의적 구조개혁 정책과 뚜렷이 구분하기 어려웠다. 다만 2000년대 중반 이후 민주당이 국내적으로 복지와 분배를 강조하는 정책과 대외적으로 아시아 관계를 강조하는 정책들을 주창하면서, 자민당과의 정책적 대립축이 보다 명확하게 형성되기 시작했다(박철희 2011). 민주당은 2009년 중의원 선거에서 압승을 거두어 집권당이 되었지만, 이는 민주당의 정책에 대한 기대감보다는 '정권교체'라는 대의에 공감한 유권자들의 선택의 결과였다(朝日新聞 2009/09/01). 집권 이후 민주당은 정권공약을 제대로 실행하지 못하였으며, 당내 그룹 간의 갈등 과정을 통해 도출된 정책들은 자민당과 차별화되기 어려운 것들이 많았다. 즉 2000년대의 매니페스토 선거를 통하여 일본의 주요 정당과 유권자 사이에 정책적 연계 형성의 노력이 있었지만, 자민당과 민주당 모두 정책적 일관성을 유지하지 못했으며 양당 간의 정책적 차별화 수준 또한 낮은 편이었다. 구조적 차원에서 본다면, 2000년대 중반 이후 일본의 정당정치가 상대적으로 정책적 유사성을 가진 보수정당들 간의 경쟁으로 전환되면서(박철희 2014), 정책적 연계가 명확하게 형성되기 어려운 환경이었다.

3. 카리스마적 연계의 확산과 일본의 정당정치

정책적 연계가 후견주의를 대체하지 못한다면, 카리스마적 연계가 약화된 후견주의의 빈자리를 채울 수 있을 것이다. 물론 후견주의적 연계가 약화된 상태에서 새로운 연계 방식이 형성되지 못하고 과거보다 느슨한 정당–유권자 연계가 작동할 가능성도 있다. 하지만 최근의 정치 현상들은 카리스마적 연계가 새로운 정당–유권자 연계 방식으로 강화되고 있다는 점을 보여 주고 있다. 특히 고이즈미나 아베 총리, 하시모토 오사카 시장이나 이시하라 전 도쿄 도지사와 같이 모험주의적이고 강경파인 성향을 띠는 포퓰리스트 정치인들의 등장과 이들에 대한 유권자들의 높은 지지는 자민당 후견주의의 대체 연계 방식으로 카리스마적인 연계의 형성 가능성이 높아지고 있음을 보여 준다.

현대 민주주의 정치에서 개인화된 정치, 개인 중심의 연계는 부정적으로 인식되고 있으나, 지도자들의 개인적 특성이나 카리스마에 기초한 정당–유권자 연계는 점점 확산되고 있다고 할 수 있다. 이러한 변화는 정치의 인격화(personalization of politics)와 의회제 국가에서의 정치의 대통령제화(presidentialization of politics)라는 개념으로 잘 나타나고 있다 (McAllister 2009, 571). 선진 민주국가들의 경우에도 최근 정당과 유권자 연계가 이념이나 정책보다 후보자의 이미지와 특별 쟁점을 기초로 형성되는 경향이 있다(Farrell and Webb 2009). 일본의 경우 수상지배(首相支配) 또는 수상정치(首相政治)에 대한 논의가 이러한 현상과 밀접한 관련이 있으며(竹中治堅 2006; 待鳥聡史 2012), 수장정당(首長政党)의 증가 현상 또한 개별 정치인의 카리스마에 기초한 정당과 유권자의 연계가 확산되고 있음을 보여 준다.**4** 카리스마적 연계는 본질적으로 안정적인 상태로 유지되기 어려운 방식이지만 후견주의나 정책적 연계가 공고하지 않은 상황에서 언제든 등장할 수 있는 대안적 연계 방식이다. 일본을 포함한 현대 민주주의 국가의 선거에서 정당보다 후보자를 강조하는 경향이 강해지고 있으며, 유권자의 선택이 후보자에 집중되는 한편, 정치적 책임성의 소재가 집합적·조직적 차원으로부터 개인적 차원으로 변화하고 있다는 점은 현대 민주주의와 관련하여 많은 시사점을 제시하고 있다(Dalton et al. 2009; Poguntke and Webb 2007). 일본의 정당정치로 제한해서 본다면 자민당의 후견주의가 약화된 이후, 강경한 이념·정책적 노선과 비전을 강조하는 정치인들이 카리스마적 연계를 통해 기존 정당—유권자 연계의 공백을 메우게 되는 상황이라고 할 수 있다. 이러한 상황에서는 모험주의적이고 포퓰리스트적인 정치인의 등장과 선거 유동성의 증가, 이에 따른 정치의 불안정성의 심화를 예상해 볼 수 있다.

1. 이 글은 저자의 논문 "일본 정치의 변화와 정당-유권자 연계"(한국정치학회보 2014)에 상당 부분 의존하여 작성되었다.
2. 키첼트는 시민-정치인 연계(citizen-politician linkages)라는 표현을 사용하고 있다.
3. 이념은 정책을 통해 구체화되기 때문에 이념적 연계와 정책적 연계를 구분하는 것이 어려울 수 있다. 하지만 정책이 좀 더 물질적이고 구체적인 이익의 제공을 의미한다는 점에서 구별될 수 있다.
4. '수장정당'이란 오사카유신회나 감세일본처럼 지방자치단체의 수장이 중심이 되어 결성된 정당을 말한다.

14

동유럽 국가의 민주주의와 정당정치

박경미 · 전북대학교

1. 정치제도화와 정치변동

공산주의에서 민주주의로 체제를 전환한 동유럽은 제3의 민주화 물결 (the third wave of democratization)에 속하는 지역 중 하나이다. 민주주의의 확산은 20세기 말부터 지속된 세계적 추세였다. 1970년대 남유럽의 권위주의 레짐의 붕괴를 시작으로 남미 군부독재의 붕괴, 1980년대 중반 동아시아와 남아시아 일부 국가에서의 권위주의 통치의 쇠퇴, 1980년대 말 동유럽의 공산주의 레짐들의 붕괴, 1991년 소련연방의 몰락, 그리고 1990년대 초반 사하라 이남 지역 아프리카 국가의 일당 레짐 약화가 이어졌다

(Carothers 2002, 5; 박경미 2012, 37 재인용). 최근 리비아 카다피(Qaddafi) 정권과 이집트 무바라크(Mubārak) 정권의 연이은 붕괴는 민주주의로의 정치변동이 21세기에도 지속되고 있음을 말하며, 동유럽 국가도 그러한 흐름에 있다.

빈번하고 급격한 정치변동으로 인해 동유럽을 비롯한 신생민주주의 국가들이 흔히 정치적으로 불안정하여 정치발전이 어렵다고 말한다. 신생 민주주의 국가의 정치는 변화가 잦을 뿐만 아니라, 군부 집권과 쿠데타 혹은 권위주의 정권의 집권과 같은 비민주주의 체제로 되돌아가는 국가들도 있기 때문이다. 이들 국가가 완전한 민주주의(full democracy)로 도약하기 위해서는 정치조직과 절차가 폭넓은 사회적 지지를 받는 상황에서, 안정적 정치제도가 가치를 갖는 패턴이 유지되는 정치제도화(political institutionalization)의 수준을 높여야 하는데(Huntington 1968, 12), 잦은 정치변동이나 비민주주의 체제로의 복귀 등과 같은 현상은 민주주의 발전에 걸림돌이 될 수 있다.

이러한 신생 민주주의 국가의 정치적 불안정성은 정당정치에서 그 해결의 실마리를 찾을 수 있다. 민주주의를 처음 도입한 상황에서 정치적 안정을 이루기 위해서는 정당의 사회적 기반이 안정적이고, 유권자들이 선거과정과 정당을 신뢰하며, 정당이 공고한 조직을 가져야 한다(Mainwaring and Scully 1995, 6-16). 문제는 이러한 정당정치의 발전에 상당한 시간이 걸린다는 데 있다. 그만큼 국민들이 경험하지 못한 민주주의 정치제도가 정착하고 안정적으로 운영되기란 쉽지 않고, 민주화 과정에서 발생하는 정치사회적 갈등의 해소는 지난한 과정일 수밖에 없다.

이러한 문제의 해결 가능성을 정당정치에서 찾는 이 글은 민주화 이후 동유럽 국가의 정당정치에 관심을 갖는다. 동유럽 민주화의 시작은 1989년 구소련이 자국의 개혁·개방 과정에서 공산주의 체제에 속하는 동유럽 국가의 정치적 사안에 더 이상 개입하지 않고 각국의 길을 가도록 선언한 외교정책의 변화, '마이 웨이(my way)'를 노래한 가수의 이름을 딴 '시나트라 독트린'이었다(진승권 2003, 46-47). 그 이후 25여 년 남짓 민주주의 체제를 지속하고 있는 동유럽 국가들은 공산당을 중심으로 한 일당지배(一黨支配) 체제의 공산주의에서 벗어나 다양한 정당이 경쟁하는 민주주의를 운영하면서 고유한 정당정치를 발전시키고 있다. 이에 대한 이 글의 주요 관심은 크게 두 가지이다. 첫째, 동유럽 국가의 민주화 과정의 특성이 민주주의 발전에 어떤 영향을 미쳤는지, 둘째, 동유럽 국가의 구 공산당 세력이 어떻게 생존하였는지이다.

2. 동유럽의 민주화와 정당정치

동유럽 국가의 민주화는 구소련의 개혁·개방정책 시행이 결정적 계기였고 시기적으로 1989년에 체제가 붕괴되기 시작하였다는 공통점이 있지만 그 과정은 국가마다 달랐다. 첫 번째 차이점은 공산체제의 붕괴 이전에 민주화 운동이 있었는가이다. 가장 전면적인 민주화 운동이 일어났던 국가는 폴란드였다. 바웬사(Lech Walesa)가 주도하는 자유노조(Solidarność)를 비롯한 노조활동이 활발했던 폴란드에서는 시민사회의 체제 저항운동이 공산당 세력을 민주화를 위한 협상, 이른바 '원탁협상'에 나오도록 하는 데 기여하였다(Kitschelt et al. 1999; Munck and Leff 1997). 또 다른 사례는 민주화 시점에 체코슬로바키아에서 분리된 현재의 체코이다. 체코의 민주화는 종교의 자유와 인권 신장을 요구하는 가톨릭 교회의 촛불집회를 경찰이 강압적으로 진압한 사건에 의해 촉발되었고 이는 '벨벳 혁명(Velvet Revolution)'으로 이어졌다(진승권 2003, 282-283).

폴란드와 체코에서 시민사회의 주도로 민주화 운동이 진행되었던 데 반해, 헝가리는 공산당 내부 세력이 민주화를 위한 '선행적 개혁'을 추진한 국가이다(Kitschelt et al. 1999, 78). 헝가리에서는 민주화 흐름을 맞아 탈공산주의적 전환을 주장하는 공산당 내 개혁파와 이에 반대하는 현상 유지자들 사이의 당내 갈등으로 전면적 개혁에 실패하는 듯 하였지만, 구 집권세력의 부정적 이미지를 떨치려는 움직임은 곧 헝가리 민주화로 이어졌다(Ásh 1997, 430). 상대적으로 시민사회가 발전되지 않은 불가리아도 공산당에 의해 민주화를 이룬 국가이다. 가부장적 공산주의(patrimonial communism)로 분류되는 불가리아 공산 레짐은 지도부를 중심으로 한 위계적 구조를 갖는 체계였지만(Ishiyama 1999, 98; Kitschelt 1995, 453), 공산세력은 시민사회의 강한 저항이 일어나기에 앞서 체제를 개혁하고자 하였다(김신규 2004, 216).

공산체제의 민주화를 누가 주도하였는가, 즉 공산세력이 민주화 운동에 앞서 선행적 개혁을 시도하였는가는 공산체제에 대한 저항이 어떻게 해소되었는가의 문제와 관련이 있을 뿐만 아니라 그 이후 정당정치 발전에 영향을 미쳤다. 다시 말해 민주화의 과정이 동유럽 민주주의 발전에 영향을 미쳤다는 것이다. 민주화에 대한 강렬한 요구가 존재하는 사회는 그만큼 정치적 갈등과 참여의 수준이 높다는 것을 의미하며 그것이 민주화 이후의 정당정치 변화와 관련이 있기 때문이다. 이는 공산당 계승정당이 선거에서 받은 득표율과 지난 25여 년 사이에 유지하고 있는 정치적 지위를 통해 확인할 수 있다.

구 공산당을 이은 공산당 계승정당의 상대적 우위와 다수의 신생정당의 조직적 약세에도 불구하고 초기의 선거 결과는 국가마다 차이가 있었다. 공산당 계승정당인 불가리아사회주의정당(Bulgarian Socialist Party)은 과반에 가까운 52.8%의 득표율을 얻어, 총의석 400석 중 52.8%에 해당하는 211석을 갖는 원내 제1당이 되었다. 불가리아 공산당 계승정당의 정치적 우위에 비해, 체코 공산당 계승정당의 정치적 우위는 민주화 이후 크게 약화되었다. 체코 공산당 계승정당인 체코슬로바키아사회주의정당(Communist Party of Czechoslovakia)은 1990년 총선에서 유권자의 13.2%에게 지지를 받아 32석, 16.0%의 의석을 차지하며 원내 제2당에 머물렀다(Inter-Parliamentary Union 홈페이지 자료). 헝가리 공산당 계승정당인 헝가리사회주의정당(Hungarian Socialist Party)의 영향력 또한 급격히 쇠퇴하여 10.9%의 지지율에, 의식은 8.5%인 33석에 불과하였다.

또 다른 특징은 민주화 이전에 선거를 치러 본 경험과 관련이 있는데, 선거 경험이 없는 국가에서는 정당의 발전 수준이 낮다는 점이다. 불가리아의 경우, 민주화 시점에 총 42개의 정당이 창당되었지만 선거 경험이 없었던 대부분의 정치세력들은 정당의 하부조직을 갖추지 못 한 채 선거를 맞이하였으며, 이는 선거를 치룬 경험이 있는 헝가리에서도 마찬가지였다(Spirova 2007, 55-61). 이러한 정당의 저발전은 정당에 대한 지지보다는 무소속 후보에 대한 지지를 높이는 요인이었다. 벨라루스는 1995년 첫 총선에서 유권자의 48%, 그리고 2000년에는 유권자의 74%가 정당후보가 아닌 무소속을 지지하였으며, 1994년 선거에서 우크라이나 유권자의 2/3도 무소속을 선호하였다(Lewis 2003, 155). 이들 국가에서 공산당 계승정당은 정당의 조직적 측면에서는 신생정당보다 우세하였지만 선거 경쟁에서 우위를 점하지는 못하였다.

그러한 한계에도 불구하고 이제 동유럽 국가의 정당정치는 상당히 발전했다. 유권자들이 가깝게 느끼는, 자신과 일체감을 갖는 정당이 생겼으며 정당일체감이 점차 강화됨에 따라 선거 때마다 지지하는 정당이 달라지는 선거 유동성이 낮아졌다(Bielasiak, 2002; Tavits 2005). 동유럽 국가의 공산당 계승정당이 받는 총선지지율은 상당히 낮아졌지만 여전히 재도약을 꿈꾸며 끊임없는 정치적 쇄신에 주력하고 있다. 동유럽 국가에서 완전한 민주주의에 도달한 국가는 체코 이외에는 그다지 눈에 띄지 않지만 정당정치는 각국의 고유한 정치적 특성을 반영하며 발전하고 있다.

3. 민주화 이후 공산당 계승정당의 전략적 전환

동유럽 국가의 민주화는 공산당 계승정당에게는 위기를 의미하는 것이었다. 민주화로 인해 공산당 계승정당은 더 이상 사회 전반에 대한 지배적 영향력을 갖는 유일한 정당의 이점을 가질 수 없게 되었기 때문이다. 공산당 계승정당이 살아남기 위해서는 민주화에 대한 사회적 요구를 수용하고 해소하는 전략적 전환이 불가피했다.

공산당 계승정당이 민주화 초기에 직면하였던 도전은 많은 정당들이 정치에 참여하기 시작했다는 점이다. 공산당 이외의 정당을 사실상 금지시켰던 공산체제에서 정당소속감은 좀처럼 형성되기 힘들었지만 민주화 이후 그동안 정치적 이익과 그 분배에서 배제되었던 정치세력들이 정책 결정 과정에 대한 관심과 기대를 갖게 되었다(Przeworski et al. 1995, 64). 그에 따라 정당의 창당, 해산과 합당 등 정당 이합집산을 반복하면서(Hicken and Kuhonta 2011, 578) 기존의 정치세력인 공산당 세력과 본격적인 정당 경쟁을 하게 되었다.

활발한 정당경쟁의 양상은 선거에 참여하는 정당의 수에서 확인할 수 있다. 예외적으로 라트비아 2개, 러시아 3개, 슬로베니아에서 7개의 정당이 첫 총선에 참여하여 정당의 폭발적 증가가 눈에 띄지 않았지만 다른 국가에서는 구 공산세력이 전환한 공산당 계승정당을 포함하여 10개 이상이었다. 폴란드 첫 총선에 참여한 정당은 총 111개로 가장 많았고, 루마니아의 경우에는 61개, 불가리아 41개, 헝가리 29개, 에스토니아 17개, 체코 16개, 몰도비 13개의 정당이 참여하는 선거가 치러졌다.

공산당 계승정당의 전략적 전환에서 가장 쟁점이 되었던 부분은 공산당으로서의 정체성을 유지해야 하는가, 아니면 그러한 이미지를 완전히 벗어 버리는가였다. 체코의 보헤미아모라비아공산당(Communist Party of Bohemia and Moravia)의 경우, 공산당의 이미지를 탈각시키기보다는 공산당으로서의 정체성을 유지하면서 정당쇄신을 추진하려고 한 사례이다

(Hanley 2001, 96). 반면 민주주의로 근본적으로 전환하려는 시도로 평가하기는 어렵다고 하더라도 공산당이 쇄신을 하고 있다는 메시지를 명백히 전달하려는 국가도 있었다. 리투아니아, 폴란드, 헝가리의 공산당 계승정당은 민족주의적 성격을 강조하면서도 반공산주의적 태도를 분명히 하여 민주주의적 정당으로 통치할 정당임을 보여 주려고 하였다(Linz and Stepan 1996, 454-455).

특히 선거 패배의 위험은 공산당 계승정당을 현대화(modernization)하게 하는 압력이었다(Ásh 1997, 428). 그 전략적 전환의 특징은 우선, 공산당의 이미지를 쇄신하기 위해 기존 공산당과 거리를 두는 전략을 선택했다는 것이다. 이러한 입장을 대외적으로 공표하였지만 더욱 가시적인 변화는 당내 후보 선출 방식을 바꾸는 것으로 시작되었다. 폐쇄적이고 경직된 구조에서 벗어나 개방적 정당으로 재구축하기 위해서 당내 의사결정 과정에 비밀투표를 도입한다거나 후보를 선출을 탈집중화하여 당내 민주주의를 제고하였다(Biezen 2003, 124). 이와 더불어 공산당 시기의 경제적 자산을 포기함으로써 더 이상 과거의 공산당이 아님을 보여 주고자 하였다. 헝가리 공산당 계승정당은 1989년 공산당이 보유했던 경제적 자산 중 90% 이상을 사회에 환원하였으며(Waller 1995), 이로 인해 35%에 육박하는 지지를 받았다(Ásh 1997, 429).

공산당과의 거리 두기는 정당조직의 자율성을 증가시키는 방식으로도 추진되었다. 특히 지도부와 당원 간의 관계를 강조하고 그에 대한 인식을 강화하려고 하였다. 예를 들면, 대중적 정치토론을 위한 포럼을 제공하고 정당대회를 활성화시키는 한편(Ásh 1997, 434), 정당 하부조직의 자율성을 높이기 위하여 당비 납부에 대한 결정을 비롯한 당원으로서의 권리와 의무에 관한 사항도 자체적으로 결정하도록 하였다(Biezen 2003, 125).

이처럼 공산체제의 정치적 유제로부터 벗어나려는 전략적 전환은 새로운 정치적 지지기반 창출과 함께 진행되었다. 체코의 공산당 계승정당은 탈공산화와 민주화의 결과 주변부적 위치로 밀려난 노동자층에 대한 이해(Hanley 2001, 108)를 강조함으로써 이들과 안정적 연대를 형성하였고, 지지를 동원하고자 하였다. 폴란드 공산당 계승정당의 경우에도 노동자층의 지지를 얻고자 하는 데 적극적이었다. 공산체제의 붕괴로 인한 경제구조의 변화와 경제 악화로 인한 노동자 계층의 불안정성이 높아지는 상황에서 폴란드 민주좌파연합은 자유노조 연대와의 관계를 지속적으로 유지하면서 사회 민주주의적 이미지를 부각시키는 데 주력하였다(이은구 외 1997, 300).

4. 동유럽의 최근 쟁점

동유럽과 같은 신생 민주주의 국가는 카리스마적 지도자에 의존하거나 일종의 정치적 거래가 횡행하는 후견주의(clientelism)의 문화가 사라지지 않는 경향이 있다(Kitschelt 1995; 2000; Shefter 1994, 283). 그에 따라 정당 이합집산이 반복되면서 안정적 정당이 발전하지 못하고 유권자가 이들 정당에 대한 정당일체감을 형성하지 못하게 된다. 그 결과는 정당정치의 저발전이다.

체제가 전환된 동유럽 국가는 공산당이 자체적으로, 혹은 시민사회 주도로 민주화를 이루었고 공산체제가 남긴 일부 유제의 해소와 함께 이제는 새로운 이슈에 직면해 있다. 현재 주요한 정치적 이슈는 공산체제 시기부터 시행해 온 국유화 유지에 대한 찬반과 누진세와 일괄과세 중 어떤 세금 정책을 선택할 것인가이다(Kubiak 2007, 63; Millard 2006, 1019). 이러한 문제는 유럽연합의 가입과 유로화 선택과 같은 유럽 이슈와 결합하여 동유럽 국가 내부 정치에 영향을 미치며 더욱 복잡한 양상으로 흐르고 있다.

또 다른 최근 이슈는 이민 문제이다. 동유럽 국가는 유럽연합국으로 진입하려는 난민들이 이민의 경유지로 선택하는 지역이다(Düvell 2012). 이는 동유럽 국가의 반이민 정서의 강화와 극우정당에 대한 지지 확대로 이어지고 있다. 최근 유럽 지역의 난민 진입에 따른 국경의 폐쇄 등은 동유럽 국가가 국내외 복합적 정치적 요인의 영향을 받고 있음을 보여 준다. 이처럼 이민에 대한 배타적 태도는 자국에 들어오는 이민자 수의 증가로 인해 자신들이 받아 왔던 복지 혜택을 이민자들과 나눠가짐으로써 자신들의 조세 부담이 늘어나고 복지 혜택은 줄어들 것이라는 우려에서 비롯된다(Eger 2009). 가급적 이민을 받지 않으려는 배타성은 앞으로 동유럽 국가에서 유럽연합의 확대에 부정적 영향을 미칠 수 있는 요인이 되고 있다(Vreese et al. 2005).

15

유권자와 지지정당의 선호 격차

: 유럽연합의 사례

한정훈 · 숭실대학교

1. 유럽연합의 유권자-정당 연계

대의민주주의는 정치적 대표자(representative)들이 유권자의 선호를 정책에 반영하는 것을 기본원리로 한다. 정당은 이러한 과정에서 필수 불가결한 조직이다(Schattschneider 1942). 정치적 대표자 개개인은 소속 정당을 통해 집단적으로 행동함으로써 더욱 효과적으로 유권자의 선호를 대변할 수 있기 때문이다. 유권자의 정치적 선호를 정책으로 매개하는 현대사회의 정당의 역할은 교통, 통신수단의 발전과 더불어 더욱 용이하게 수행될 가능성이 높아졌다. 정당은 유권자의 선호를 수집하기 위해 더욱 다양한 매체를 이용할 수 있을 뿐 아니라 그에 대한 비용의 절감을 경험하고 있는 것이다.

그러나 흥미롭게도 정당을 매개로 한 정치엘리트와 유권자의 연계 (linkage)는 더욱 약해지거나 강화되지 못하고 있는 역설이 관찰된다. 본 연구에서 주목하고 있는 유럽연합의 경우에도 유권자와 정치엘리트 사이에 상당한 갈등이 존재한다. 대표적으로 유럽연합의 유권자들이 유럽 정상들이 이끌어 낸 합의를 수용하지 않는 사례를 들 수 있다. 덴마크와 아일랜드는 각각 1992년 마스트리히트 조약(Maastricht Treaty, Treaty on European Union, TEU)과 2001년 니스 조약(Treaty of Nice)의 비준 과정에서 유권자들이 일차적인 거부를 표현한 경험이 있으며, 유럽헌법조약 (Treaty Establishing a Constitution for Europe, TCE)에 대한 2005년 프랑스와 네덜란드 유권자의 비준 거부는 결국 해당 조약을 폐기하는 사태를 낳기도 하였다. 유럽통합 과정에서 이와 같이 정치엘리트와 유권자의 정치적 선호의 차이가 지속적으로 목격된다는 것은 상당한 우려를 낳는다. 그러면 이와 같은 유권자와 정치엘리트 간의 갈등이 문제가 되는 이유는 무엇인지 생각해 볼 필요가 있다. 이들 사이의 갈등은 유럽통합에 관한 유럽연합 유권자들의 인식(perception)이 정치엘리트들과는 상당한 차이가 있기 때문에 발생하는 것인가? 만일 유권자와 정치엘리트 사이의 정책적 선호의 차이가 있다면 그러한 차이는 어떤 특성을 보이는 것인가? 회원국별 일정한 특징을 보이는가, 아니면 유럽연합 가입 시기 또는 서유럽과 동유럽 사이의 지역석 차이와 밀접한 관련이 있는가? 본 연구는 유럽통합에 관한 유권자와 지지정당 간 선호의 격차를 중심으로 이러한 질문에 대해 일차적인 답을 제시하고자 한다.

2. 유권자와 지지정당 간 선호 격차

유권자와 지지정당이 보이는 정치적 선호의 격차에 관한 이론적 논의는 크게 두 측면으로 나누어 볼 수 있다. 첫째, 유권자와 지지정당 사이의 선호 격차가 존재하는가? 만일 그렇다면 어떠한 요인이 그러한 선호 격차를 가져오는가? 둘째, 유권자와 지지정당 사이의 선호 격차가 사회, 정치적으로 어떤 결과를 가져오는가? 우선 첫 번째 질문과 관련하여 정치학의 이론은 선호의 격차가 존재하는 것이 인류 사회의 일반적인 성격의 일면에 해당하는 반면, 그러한 격차는 유권자의 교육 및 이해 수준의 향상을 통해 완화될 수 있을 것으로 보고 있다. 예를 들어 미국 정치학자인 컨버스(Converse 1964)는 그의 저서 "일반유권자 신념체계의 성격(The Nature of Belief Systems in Mass Publics)"에서 일반 유권자와 정치엘리트의 선호의 격차는 일반적인 현상일 수 있음을 지적한다. 특히 유권자의 신념체계는 정치엘리트들이 이용하는 자유주의, 보수주의와 같은 기본적인 이념을 이해하는 데 한계가 있기 때문에 그러한 개념 틀을 이용하여 정치엘리트를 평가하는 것도 제한적일 수 있다는 것이다. 최근의 정치적 분극화(political polarization)에 관한 논쟁에서도 유사한 논의가 관찰된다. 정치엘리트 수준에서는 이념적으로 분극화 현상이 나타나는 반면 유권자 수준에서는 2000년대 유권자와 1950년대의 유권자의 이념적 분포가 크게 차

176

이 나지 않는다는 것이다(Fiorina 2006, 19).

유권자와 정치엘리트 사이의 선호의 격차는 유권자의 신념체계에 따른 일반적인 현상일 뿐 아니라 상당히 지속적으로 관찰되고 있다는 주장에도 불구하고 이러한 격차가 완화될 가능성 역시 발견된다. 다수의 학자는 정치엘리트 수준의 분극화가 이념에 대한 유권자의 이해뿐만 아니라 유권자 수준의 분극화에 긍정적인 영향을 미칠 수 있다고 본다(Abramowitz and Saunders 1998; 2008; Hetherington 2001). 컨버스는 최근의 논의를 통해 유권자의 교육 수준의 향상 및 정치엘리트 수준에서의 이념적 대결의 강화, 이념적 개념 틀의 사회적 확산 등은 일반 유권자의 신념체계의 성격을 변화시키고 일반 유권자들이 이념에 대한 이해 및 이념적 틀의 활용도를 높였을 가능성이 있음을 인정한다(Converse 2006). 이는 유권자의 교육 수준이 향상된 현대사회에서 유권자와 정치엘리트 사이의 선호 격차가 상당히 완화되었을 가능성을 예상하게 한다. 또한 만일 유권자가 충분한 교육 등을 통해 이해의 틀을 발전시켰음에도 불구하고 유권자와 지지엘리트 사이의 선호 격차가 발생하는 경우, 충분한 정보를 전달하지 못했다거나 실수를 통해 지지엘리트의 정책적 선호를 이해하지 못하는 유권자를 동원해 내지 못한 정치엘리트들의 역할을 재고할 필요가 있음을 제기한다.

이러한 논의는 유럽통합에 관한 유권자 및 지지정당 간 일정 수준의 선호 격차가 존재할 것이라는 점을 함의한다. 일반 유권자들 사이의 선호의 차이가 존재하는 것과 마찬가지로 유권자와 정치엘리트 사이의 선호의 격차도 당연한 것으로 보인다. 문제는 이러한 격차가 어느 정도로 형성되고 있으며, 어떤 특성을 보이는가에 있을 것 같다. 그러나 어느 수준의 선호 격차가 심각한 수준의 선호 격차인지를 평가하기는 매우 어렵다. 선호 격차에 관한 장기간에 걸친 자료 및 그 과정에서의 구체적인 갈등 현상 등에 대한 자료의 축적을 요구하기 때문이다. 반면 유럽연합의 통합 과정과 동유럽 민주화 과정을 고려할 때 한 가지 그럴듯한 가설을 제시해 볼 수 있을 것 같다. 즉 유럽연합 회원국 가운데 서유럽 지역은 성숙한 민주주의 국가에 해당하는 반면, 동유럽 지역은 1990년대 초 민주화를 진행한 신생 민주주의 국가에 해당한다는 사실을 고려할 때, 유권자와 정치엘리트 사이의 선호 차이는 동유럽 회원국에서 더 강하게 관찰될 것으로 보인다. 다시 말해 회원국별 민주주의 발전 수준에 따라 유럽통합 이슈에 대한 유권자와 정치엘리트의 선호의 격차가 달라질 수 있다는 것이다. 그러나 이러한 서유럽과 동유럽 회원국의 차이가 나타난다고 해서 유럽통합의 이슈가 유럽연합 회원국 간 갈등의 요인이 된다는 것을 의미하지는 않는다. 유럽통합 이슈에 따른 회원국별 갈등의 가능성에 대한 논의는 회원국 내 유권자와 정치엘리트의 선호 격차가 아닌 회원국별 선호 수준의 차이에 대한 분석을 요구하는 것이다. 단지 서유럽과 동유럽의 선호 격차의 비대칭적인 분포가 관찰되고 그러한 비대칭성이 위의 가설에 부합하는 경우, 기존의 서유럽 회원국에서 때때로 발생했던 유권자와 정치엘리트 사이의 갈등이 각 회원국 내의 시기적 특수성을 반영한 것이었을 뿐, 상대적으로 근본적인 인식론적 선호 격차에서 기인한 것으로 보기 어렵다는 점을 함의한다.

두 번째 질문과 관련하여 대의민주주의의 이론은 유권자와 지지엘리트 간 선호의 격차의 존재는 그 자체로 대의민주주의의 위기를 가져올 가능성이 높다는 점에 초점을 맞추고 있다. 왜냐하면 정치엘리트가 유권자의 선호를 반영(responding)하는 것을 근간으로 하는 대의민주주의 사회에서 유권자와 지지엘리트 간 선호의 격차는 대의민주주의 운영이 잘 이루어지고 있지 않다는 경험적 증거에 해당하기 때문이다. 특히 유권자가 자신의 선호를 표현할 수 있을 정도의 충분한 교육 수준과 정보를 지녔음에도 불구하고 선호의 격차가 발생하는 것은 더욱 문제가 될 수 있다(Page and Shapiro 1992). 대조적으로 정치엘리트 수준의 이념적 분극화가 야기하는 유권자와 지지엘리트 사이의 격차는 오히려 사회적 문제가 되지 않을 가능성도 제기된다. 예를 들어 정치엘리트의 이념적 분극화는 유권자들에게 명백한 대안을 제시하는 역할을 수행하거나(Levendusky 2010), 일반 유권자들의 지지후보 선택을 위한 단서 확보(cue-taking theory)에 도움을 줄 수 있다는 것이다(Zaller 1992). 또한 정당의 이념적 분화는 유권자들이 특정 정책을 이해하는 데 실질적인 정보(substantial information)의 영향력을 감소시키는 반면, 정당에 대한 의존도를 높임으로써 정당정치의 발전에 긍정적인 효과를 지닐 수 있다(Druckman et al. 2013).

유권자와 정치엘리트 사이의 선호 격차에 따른 정치적 효과에 대한 위의 논의는 정치엘리트에 의해 대변되는 정당이 뚜렷한 정책적 선호를 중심으로 유권자의 선호를 반영 또는 동원할 필요가 있음을 요구한다. 이와 같은 정당의 노력이 이루어지지 않은 채 지속되는 지지 유권자와의 선호 격차는 민주주의 운영의 해가 될 수 있다. 이와 같은 정당의 역할 역시 짧은 지면을 통해 유럽연합 회원국 전역에 대해 분석하기는 어렵다. 그러나 위에서 제기한 가설이 부합하는 경우, 이러한 노력이 서유럽 국가에서 더 강하게 이루어지고 있으며, 동유럽 국가는 상대적으로 정당이 유권자를 동원하기 위한 충분한 역할을 수행하고 있지 못하고 있다는 점을 함의할 것 같다.

3. 유럽통합에 대한 선호 격차

다음으로 유럽선거연구(European Election Study)에서 2014년 유럽의회 선거 이후 두 번째 조사한 설문 자료를 활용하여 유럽통합에 관한 유권자와 지지정당 간 선호의 격차의 분포와 그 특성을 경험적으로 살펴보고자 한다. 또한 그 과정에서 위에서 제시된 가설의 타당성을 분석해 보도록 하겠다.[1] 이를 위해 0점(유럽통합은 이미 너무 진전되었다)부터 10점(유럽통합은 더욱 진전되어야 한다)의 등간척도로 이루어진 응답항에 대한 두 가지 한 응답을 활용한다. 하나는 유권자 본인이 유럽통합에 대해 지닌 선호를 표시한 것이다. 다른 하나는 유권자가 거주하는 회원국 내 정당들이 지녔다고 생각되는 선호에 대한 유권자의 인식을 표시한 것이다. 또한 회원국 내 각 정당들의 유럽통합에 대한 선호의 경험적 지표는 회원국 유권자들의 인식의 평균값을 이용한다. 마지막으로 유권자와 지지정당 간 선호 격차의 경험적 지표는 각 회원국 유권자를 지지정당별로 범주화한 후 각 범주 내에서 유권자 개인과 지지정당 간 선호 격차의 평균값을 이용한다. 예를 들어, 독일 사민당과 사민당을 지지하는 유권자 간 유럽통합에 대한 선호

정당이 살아야 **민주주의**가 산다

의 격차는 독일 유권자에 의해 인식되는 독일 사민당의 유럽통합에 대한 선호의 평균과 독일 사민당을 지지한다고 응답한 320명의 유권자가 유럽통합에 대해 지닌 선호의 차를 구하고, 이를 평균한 값으로 측정한다. 그리고 유럽연합 회원국인 독일 내의 유권자와 지지정당 간 선호 격차는 사민당을 포함하여 독일의 7개 정당 각각에 대하여 위와 같은 유권자와 지지정당 간 선호 격차를 계산한 후 평균을 구한 것이다. 이 때 유권자의 지지정당은 자료의 부족으로 인해 일반적으로 활용되는 정당일체감을 통해 측정되지 않고, "당신은 만일 내일이 총선거일이라면 어떤 정당을 지지하시겠습니까?"라는 질문을 이용하여 측정했다. 또한 유권자와 지지정당의 선호 격차는 절대값으로 계산하였다. 이는 지지정당보다 더 선호하는지 또는 덜 선호하는지에 대한 선호의 방향성을 무시하고 선호 격차의 강도만을 측정하기 위한 것이다.

〈그림 4-1〉은 위와 같이 측정된 유권자와 지지정당 간 유럽통합에 대한 선호 격차를 유럽연합 28개 회원국별로 표시한 것이다. 〈그림 4-1〉에 나타난 분포를 고려할 때, 세 가지 흥미로운 점이 관찰된다. 첫째, 유럽연합의 각 회원국은 유럽통합에 대해 유권자와 지지정당 사이에 일정 수준 이상의 선호 격차를 보인다. 회원국 전체를 통틀어 평균적으로 2.44의 선호 격차가 발생하였다. 설문조사 문항이 0부터 10점 사이에서 유럽통합의 선호를 표시하도록 요구하고 있다는 점을 고려할 때, 2.44의 격차는 무시할 정도로 작다고 보기 어렵다. 단순한 예를 들자면, 유권자가 유럽통합을 조금 더 진전시켜야 한다고 생각할 때(예를 들어 7의 선호), 해당 유권자가 지지하는 정당은 유권자의 선호 수준인 7보다 2.44 더 낮은 4.56 또는

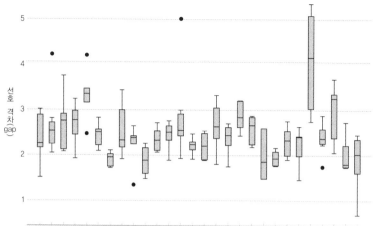

그림 4-1. 유럽연합 회원국별 유권자와 지지정당 간 선호 격차의 평균 분포

※ 오스트리아(At), 벨기에(Be), 불가리아(Bu), 크로아티아(Cr), 사이프러스(Cy), 체코공화국
 (Cz), 덴마크(D), 에스파냐(Es), 에스토니아(Et), 핀란드(Fi), 프랑스(Fr), 독일(Ge), 그리스
 (Gr), 헝가리(Hu), 아일랜드(Ir), 이탈리아(It), 라트비아(La), 리투아니아(Li), 룩셈부르크(Lu),
 몰타(Ma), 네덜란드(Ne), 폴란드(Po), 포르투갈(Pr), 루마니아(Ro), 슬로바키아(Sl), 슬로베니
 아(Sv), 스웨덴(Sw), 영국(Uk)

※ 각 회원국별 박스그림(box plot)은 박스 내의 중간선이 중위수(median)를 표시하며, 박스
 의 아래쪽 끝은 백분위의 25번째, 위쪽 끝은 백분위의 75번째를 의미한다. 또한 그림 바깥선
 의 양 끝 점은 최소근접값(lower adjacent value)과 최대근접값(upper adjacent value)에 해
 당한다.

※ 그림에서 점(dot)으로 표현된 정당은 각 회원국별 분포의 예외 사례(outlier)에 해당한다. 벨
 기에, 사이프러스, 에스토니아, 그리스, 슬로바키아가 그와 같은 예외정당들을 포함하고 있
 음을 알 수 있다.

2.44 더 높은 9.44의 선호를 지니게 된다. 전자는 유권자와 달리 정당이 유
럽통합의 진전에 회의적인 사례에 해당하고, 후자는 정당이 유럽통합의
진전에 극단적인 지지를 보내고 있는 사례에 해당한다. 따라서 평균 2.24
의 선호 격차는 상당히 큰 차이를 함의한다.

 둘째, 더욱 흥미로운 점은 본문에서 제기한 가설에 부합하는 서유럽 회원국과 동유럽 회원국 사이의 차이가 관찰된다는 점이다. 상대적으로 동유럽 회원국에서 유럽통합에 대한 유권자와 지지정당 간 선호의 격차가 높게 나타난다. 유권자와 지지정당의 선호 격차가 75%에 해당하는 정당 모두 3 이상을 나타내고 있는 사이프러스(Cy)와 루마니아(Ro) 이외에도 중위수(median)가 3 이상의 선호 격차에 해당하는 슬로베니아(Sv)도 동유럽 회원국이었다. 특히 사이프러스와 루마니아는 분석에 고려된 정당들의 75% 이상이 모두 3 이상의 선호 격차를 보이고 있는 회원국으로 다른 회원국에 비해 상대적으로 선호 격차가 매우 높은 나라에 해당한다. 분석에 고려된 사이프러스의 5개 정당 가운데 4개의 정당은 모두 3 이상을 기록하고 있으며 2015년 현재 주요 야당이면서 유럽통합에 대해 지지성향이 약간 더 강한 공산당인 '노동자진보당(Progressive Party of the Working People)'만이 2.47로 선호 격차를 보이며 회원국 평균에 근접하였다. 루마니아는 분석에 고려된 8개의 정당 가운데 절반인 네 개의 정당이 4 이상의 선호 격차를 보였으며, 나머지 가운데 4개의 정당 모두 2.7 이상의 높은 선호 격차를 기록하였다. 이와 같이 루마니아와 사이프러스에서 유권자와 지지정당 간 선호 격차가 상대적으로 높은 이유는 명확하지 않다. 다만 두 회원국 모두 유권자 수준에서 유럽통합에 대한 열망이 매우 높은 국가에 해당함을 알 수 있었다. 사이프러스의 경우 유권자 평균 5.32 수준으로 유럽통합을 선호하고 있으며, 루마니아는 심지어 7.92 정도로 유럽연합 28개 회원국 전체에서 유권자 수준에서는 유럽통합을 가장 열망하는 회원국이었다. 아마도 이와 같이 유권자의 높은 열망을 해당 국가의 정당들이 수용해 내지 못하고 있는 것이 중요한 원인일 가능성이 높다. 슬로베니아는 분석에 고려된 7개 정당 가운데 6개 정당이 상대적으로 높은 선호 격차를 보이지 않은 사례다. 예를 들어 중도좌파의 군소 정당에 해당하는 '적극적 슬로베니아당(Positive Slovenia)'의 경우 심지어 2.05의 선호 격차를 지니고 있어 전체 회원국 평균보다 낮았다. 그러나 평균적인 선호 격차가 높은 이유는 또 다른 군소 정당인 '슬로베니아 자유민주당(Liberal Democracy of Slovenia)'의 지지 유권자와의 선호 격차가 6.6에 해당할 정도로 높았기 때문이다. 이와 같이 예외적인 정당이 존재한 슬로베니아를 제외하더라도 회원국 평균적으로 가장 선호 격차가 높은 국가는 동유럽 회원국인 것이다.

반면, 유권자와 지지정당의 선호 격차의 중위수가 2 이하로 내려가 있는 5개국은 덴마크(D), 핀란드(Fi), 몰타(Ma), 네덜란드(Ne), 스웨덴(Sw)으로 몰타를 제외한 4개국은 모두 서유럽 회원국이었다. 특히 몰타의 경우 양당세 국가적 성격을 보인다는 점에서, 주요 두 정당만을 고려할 때 유권자와 지지정당의 선호 격차의 회원국 평균은 2 이상을 기록하고 있다. 흥미로운 점은 덴마크와 네덜란드는 각각 1992년과 2005년 유럽연합조약 개정의 비준을 거부한 경험이 있는 회원국이다. 이러한 역사적 경험은 이들 두 국가에서 유권자와 지지정당 간의 상대적으로 높은 선호 격차가 발생할 것을 예상하게 한다. 그러나 덴마크의 경우 고려 대상이 된 7개 정당 모두 지지 유권자와의 선호 격차가 2.1 미만이었다. 덴마크의 대표적인 중도우파 정당인 '자유당(Liberals)'은 1.74 정도의 선호 격차만을 보이고 있다. 네덜란드 역시 덴마크와 유사한 선호 격차를 보일 뿐 아니라 현재 집권당인 '자유와 민주주의를 위한 국민당(People's Party for Freedom and

Democracy)'은 1.97 정도의 낮은 선호 격차를 보이고 있다.

셋째, 위와 같은 서유럽 지역 회원국과 동유럽 지역 회원국의 차이는 유권자와 지지정당의 선호 격차가 지닌 중위수 값을 기준으로 평균 이상의 중위수를 지닌 지역과 평균 이하의 중위수를 지닌 지역 비교를 통해서 발견된다. 서유럽의 경우 15개 회원국 가운데 벨기에(2.45), 그리스(2.50), 이탈리아(2.49), 룩셈부르크(2.53), 오스트리아(2.62) 5개의 회원국만이 회원국 전체 평균적 선호 격차인 2.44를 조금씩 상회하고 있을 뿐, 나머지 10개 회원국은 평균보다 낮다. 반면, 동유럽의 경우 13개 회원국 가운데 체코(2.36), 에스토니아(2.43), 헝가리(2.23), 라트비아(2.43), 몰타(2.24), 슬로바키아(2.37) 이상 6개 회원국이 평균적 선호 격차보다 약간 낮지만 나머지 7개의 회원국은 평균보다 상당히 높은 선호 격차를 보이고 있다.

4. 유럽통합의 미래와 유권자 동원

현대 대의민주주의 사회는 성숙한 시민의식을 지닌 유권자를 가정할 때 유권자와 지지정당 간 선호의 격차가 크지 않을 것으로 가정된다. 그럼에도 불구하고 유권자와 지지정당 간 선호의 격차는 존재하고, 그러한 격차가 체계적으로(systematically) 정치공동체의 미래를 결정하는 데 중대한 영향을 미칠 수 있다. 특히 유럽통합 과정은 유권자가 정치엘리트 수준의 합의를 거부하는 사례가 빈번히 발생한 특징을 지닌다. 유럽통합을 빠르게 진전시키고자 하는 정치엘리트들의 시도가 유권자들에 의해 제동이 걸리는 사례가 반복되고 있는 것이다.

본 연구는 유럽연합 내 유권자와 정치엘리트 간의 갈등이 유권자들의 인식(perception)에 깊게 뿌리내리고 있는 것인지를 살펴보고자 하였다. 이를 위해 유럽통합에 관해 유권자와 지지정당 사이의 선호의 격차(gap)를 분석하였다. 특히 유럽통합 역사의 초기에 회원국이 되었던 15개 서유럽 회원국과 2004년 이후 회원국에 가입하기 시작한 13개 동유럽 회원국을 비교함으로써 유럽통합에 관한 유권자와 지지정당 간의 선호의 차이가 유럽통합의 미래를 일정한 방향으로 유도하고 있는지를 살펴보았다.

본 연구를 통해 드러난 유럽통합에 관한 유럽 유권자와 정당의 선호 및 그 격차에 관한 일차적인 발견은 다음과 같다. 첫째, 28개 회원국 평균, 유권자와 지지정당 간 유럽통합에 대한 선호의 격차는 2.44 정도로 무시할 수 없는 강도의 격차가 관찰되었다. 둘째, 유권자와 지지정당 간 유럽통합에 대한 선호의 격차는 동유럽 회원국에서 평균적으로 더 높았을 뿐 아니라 특히 사이프러스, 루마니아, 슬로베니아와 같은 회원국이 상대적으로 높았다.

위와 같은 결과를 종합해 보면, 최근 급증하는 유럽회의주의 정당의 영향력에도 불구하고 유럽통합의 이슈가 유럽연합의 민주주의의 발전의 장애가 될 것 같지는 않다는 점을 함의한다. 특히 영국의 영국독립당(UK Independence Party), 프랑스의 국민전선(National Front)과 같은 정당들이 유럽회의주의적 캠페인을 통해 2014년 유럽의회 선거에서 승리했다는 일반적인 평가에도 불구하고 이들 국가에서는 유럽통합에 대한 유권자와 지지정당 간 선호의 격차가 낮다. 따라서 유럽통합과 관련하여 다른 회원국과 갈등의 가능성이 있더라도 유럽통합 이슈에 대한 회원국 내부의 선호 수준은 회원국 간 교섭과 합의 과정에서 부정적 요인으로 작용하지 않을 것으로 보인다. 다른 한편 동유럽 정당들은 지지 유권자들의 정치적 선호를 규합하고 동원하기 위한 노력을 강화할 필요가 있을 것 같다. 유럽통합에 대한 유권자와 지지정당 간의 평균적 선호 격차가 서유럽보다 동유럽 회원국이 높을 뿐 아니라 그러한 격차가 사실 동유럽 유권자들의 강한 유럽통합에 대한 선호와 각 정당들의 낮은 선호에서 기인하고 있었다. 이는 교통, 통신기술의 발전과 교육 수준의 향상으로 인해 정치, 사회현상에 대한 충분한 이해 능력을 갖춘 현대 유권자들의 열망을 정당과 정치엘리트들이 수용 또는 동원해 내지 못할 때 민주주의의 위기 가능성은 더욱 높아진다는 민주주의론자들의 주장을 다시 한 번 상기할 필요가 있음을 함의한다.

■주 해설

1. 유럽선거연구의 해당자료는 다음과 같다. EES. 2014. European Election Study 2014, Voter Study, Second Round, 8/7/2015. 해당 자료에 관한 수집 과정 및 표본 오차 등 더욱 자세한 사항은 다음의 웹페이지 참조(http://eeshomepage.net/voter-study-2014/).

강원택. 2009. "한국 정당 연구에 대한 비판적 검토: 정당 조직 유형을 중심으로." 『한국정당학회보』 8권 3호, 119-141.

_____. 2015. "제한적 정당 경쟁과 정당활동의 규제: 정당법의 기원과 변천을 중심으로." 『한국정당학회보』 14권 2호, 5-32.

경실련. 2004. "17대 총선 정당정책 비교평가."

_____. 2012. "19대 총선 124개 정당정책 비교평가."

김기범·김미희. 2003. "인터넷상에서의 집단범주화에 따른 집단성 지각과 내집단 편애 차이 분석." 『미디어경제와 문화』 1-2호(봄호), 40-71.

김성국 외. 2003. 『우리에게 연고는 무엇인가: 한국의 집단주의와 네트워크』. 서울: 전통과 현대.

김신규. 2004. "민주화 초기 단계(1990~1996) 정당체계의 변화: 체코와 슬로바키아의 사례연구." 『국제지역연구』 8권 2호, 213-239.

김영태. 2004. "17대 국회의원선거의 공천제도와 공천 과정: 지역구 후보공천을 중심으로." 『한국정당학회보』 3권 2호, 107-124.

김용호. 2008. "한국 정당 연구의 학문적 정체성 확립을 위한 성찰." 『한국정당학회보』 7권 2호, 65-81.

_____. 2015. "한국 정당정치인의 유권자 연계 전략 비교: 김대중과 노무현." 미발표 논문.

노혜경. 2002. "노사모의 정체성: 노무현? 없어도 된다, 시스템의 정치!" 노혜경 외. 『유쾌한 정치반란, 노사모』. 경기도 고양: 개마고원.

대통합민주신당. 2007. "[제17대 대통령선거 정책공약집] 좋은 대통령과 함께하는 대통합민주신당의 150가지의 약속."

류태건. 2010. "정치효능, 정치신뢰, 정치참여의 이론과 현실." 『지방정부연구』 14권

2호, 240-265.

모슬러, 하네스. 2014. 『사라진 지구당』. 서울: 인간사랑.

민주노동당. 2007. "제17대 대통령선거 민주노동당 정책공약집."

민주통합당. 2012. "내 삶과 대한민국을 바꾸는 민주통합당의 정책 비전."

_____. 2012. "사람이 먼저인 대한민국: 국민과의 약속 119."

민주통합당 대선평가위원회. 2013. 『18대 대선평가보고서: 패배 원인 분석과 민주당의 진로』.

박경미. 2012. "한국 정당모델에 관한 탐색적 연구." 『한국정당학회보』 11권 1호, 31-57.

_____. 2013. "탈공산화 이후 공산당 계승정당의 생존전략." 『미래정치연구』 3권 1호, 33-51.

박경태. 2008. 『소수자와 한국사회』. 서울: 후마니타스.

박철희. 2011. "일본 민주당의 정책대립축 이행과 정당 간 경쟁의 불안정성." 『국제·지역연구』 20권 1호, 31-59.

_____. 2014. "일본 정치 보수화의 삼중 구조." 『일본비평』 10호, 70-97.

새누리당. 2012. "2012 총선 새누리당의 진심을 품은 약속."

_____. 2012. "제18대 대통령선거 정책공약 '세상을 바꾸는 약속, 책임 있는 변화'."

서현진. 2003. "미국 유권자의 정치적 신뢰도와 투표참여의 관계: 경로분석을 통한 재검토." 『한국정치학회보』 37권 1호, 337-361.

_____. 2004. "미국의 자발적 결사체 활동과 정치적 신뢰도에 관한 연구." 『의정연구』 10권 2호, 165-189.

_____. 2006. "한국 유권자의 정치적 신뢰와 정당정치." 『신아세아』 13권 3호, 68-92.

손병권. 2003. "직접 예비선거제도의 기원: 위스컨신주의 사례를 중심으로." 『한국정치학회보』 37집 3호, 197-217.

_____. 2015. "한국 선거 정치에 있어서 실질적 기회균등을 위한 제도개선 방안: 현직의원과 도전자의 형평성 및 선거공영제를 중심으로." 『미래정치연구』 5권 1호, 5-20.

송호근. 2002. "신사회운동 참여자 분석: 누가, 왜, 어떻게 참여하는가?" 권태환·임현진·송호근 공편. 『신사회운동의 사회학: 세계적 추세와 한국』. 서울: 서울대학교 출판부.

신원. 2002. "노사모가 걸어온 길: '정치 혐오'의 진흙탕에서 피운 '정치 사랑'의 연꽃." 노혜경 외. 『유쾌한 정치반란, 노사모』. 경기도 고양: 개마고원.

신율. 2003. "시민단체와 이익집단의 역할에 대한 평가." 한국정치학회 편. 『2002년 대선 평가와 차기 행정부의 과제』. 2003년 춘계학술회의 논문집.

안순철. 2005. 『미국의 예비선거 비교정치학적 접근』. 서울: 단국대학교 출판부.

유성진. 2009. "국회의 사회통합기능과 국민의 신뢰: 국회에 대한 기대와 현실의 괴리." 『의정연구』 15권 1호, 119-144.

_____. 2013a. "정치신뢰와 풀뿌리유권자운동: 티파티운동의 사례를 중심으로." 『미국학논집』 45권 1호, 79-101.

_____. 2013b. "정치환경의 변화와 정당개혁: 미국 정당들의 개혁과 변화로부터의 교훈." 『미래정치연구』 3권 1호, 79-100.

윤성이·김주찬. 2011. "기술세대와 시민의식의 변화: 소셜 네트워크 서비스 활용을 중심으로." 『21세기정치학회보』 21집 1호, 133-154.

윤종빈. 2013. "한국 정당연구의 이론적·방법론적 대안의 모색." 『미래정치연구』 3권 1호, 5-18.

윤종빈·김윤실·정회옥. 2015. "한국 유권자의 정치신뢰와 정당일체감." 『한국정당학회보』 14권 2호, 83-114.

윤종빈·정회옥. 2014. "한국인의 정당지지와 이민에 대한 태도." 『한국사회』 15집 2호, 159-190.

윤종빈·정회옥·김윤실 2014. "한국 정당의 유권자 연계 수준과 정당정치 만족도." 『한국정당학회보』 13권 2호, 31-62.

이은구·하연섭·최건영. 1997. "체제 전환 과정에서 있어 노동조합의 역할 유형에 관한 비교연구: 폴란드, 헝가리, 체코." 『한국정치학회보』 31권 1호, 297-322.

이현우. 2009. "한국 정치문화의 지속과 변화: 정치신뢰와 정치참여를 중심으로."

한국행정학회. 『한국행정학회 학술발표논문집』 13호, 1-24.

임성학. 2015. "당정거버넌스와 한국 민주주의의 발전." 『동서연구』 27권 2호, 239-259.

임성호. 2006. "거버넌스 핵심요소로서의 정치신뢰감과 대의과정." 『의정연구』 12권 1호, 195-222.

임혁백. 2007. "양극화 시대의 한국 민주주의." 한국 정치학회·한국사회학회 공편. 『한국사회의 새로운 갈등과 국민통합』. 경기도 고양: 인간사랑.

장승진. 2013. "정당-시민 연계의 (재)정립: 동유럽 신생 민주주의 국가 사례의 함의." 『미래정치연구』 3권 1호, 19-32.

장우영. 2013. "모바일 투표 쟁점과 평가: 민주통합당 사례를 중심으로." 『한국정당학회보』 12권 3호, 49-87.

_____. 2014 "소셜네트워크 캠페인과 유권자 참여 효과: 18대 대선의 경험적 분석." 『세계지역연구논총』 32권 3호, 37-55.

장 훈. 2009. "정치개혁의 사상." 『21세기정치학회보』 19권 3호, 121-144.

_____. 2010. 『20년의 실험: 한국 정치개혁의 이론과 역사』. 서울: 나남.

전용주. 2005. "후보공천 과정의 민주화와 그 정치적 결과에 관한 연구: 제17대 국회의원 선거를 중심으로." 『한국정치학회보』 39집 2호, 217-236.

정진민. 2004. "17대 국회의원선거에서의 상향식 공천제도와 예비후보 등록제." 『한국정당학회보』 3권 2호, 5-18.

정한울·이곤수. 2013. "정치효능감과 정치신뢰의 조합이 정치 참여에 미치는 영향." 『의정연구』 19권 1호, 211-244.

정회옥. 2013. "한국 정당연구의 실증적 방법론 탐색." 『미래정치연구』 3권 1호, 101-124.

정회옥·윤종빈·김진주. 2014. "한국 유권자의 정치신뢰를 결정하는 요인." 『21세기정치학회보』 24권 3호, 415-430.

조진만. 2009. "의회의 집합적 의사결정과 신뢰: 한국 국회의 현실과 선택." 『의정연구』 15권 1호, 93-118.

조진만·최준영·유광종. 2012. "정파적 인사청문회, 언론의 보도행태, 그리고 정치

신뢰: 실험연구." 『신아세아』 24권 4호, 183-204.

주인석. 2009. "한국 정당발전의 유형화에 대한 비판적 검토." 『한국정당학회보』 8권 1호, 5-36.

중앙선거관리위원회. 2008. "제18대 국회의원선거 정당 정책·공약 모음집."

_____. 2013. "정치관계법 개정의견 주요내용." 정치관계법 개선을 위한 간담회 자료. 5월 3일.

진승권. 2003. 『동유럽 탈사회주의 체제개혁의 정치경제학 1989-2000』. 서울: 서울대학교 출판부.

최준영. 2009. "정치적 신뢰 변화의 원인과 결과: 이론적 쟁점." 『의정연구』 15권 1호, 65-92.

통합진보당. 2012. "통합진보당 19대 국회의원 선거 분야별 공약 해설집."

한나라당. 2007. "일류국가 희망공동체 대한민국: 제17대 대통령선거 한나라당 정책공약집."

한상익. 2014. "한국 정치의 신뢰 위기: 2014 정치개혁의 목표와 과제." 『이슈브리핑』 2014-03호. 민주정책연구원.

한의석. 2011. "고이즈미의 등장과 자민당의 정책변화: 도시유권자와 선거 정치." 『한국정치학회보』 45집 4호, 265-292.

_____. 2014. "일본 정치의 변화와 정당-유권자 연계: 2000년대의 정당정치를 중심으로." 『한국정치학회보』 48집 4호, 75-95.

한정훈. 2013. "유권자와 정당의 연계성(linkage): 유럽의회 내 유럽진보연합 사례 연구." 『미래정치연구』 3권 1호, 53-77.

한 준. 2008. 『신뢰: 한국사회의 제도에 대한 신뢰』. 춘천: 한림대학교 출판부.

Abramowitz, Alan I. and Kyle L. Saunders. 1998. "Ideological Realignment in the U.S. Electorate." *Journal of Politics*. Vol. 60, No. 3, 634-652.

_____. 2008. "Is Polarization a Myth?" *Journal of Politics*. Vol. 70, No. 2, 542-555.

Abramson, Paul R. and John H. Aldrich. 1982. "The Decline of Electoral Participation in America." *American Political Science Review.* Vol. 76, No. 3, 502-521.

Ahler, Douglas J., Jack Citrin and Gabriel S. Lenz. forthcoming. "Do Open Primaries Improve Representation? An Experimental Test of California's 2012 Top-Two Primary." *Legislative Studies Quarterly.* forthcoming.

Ásh, Attila. 1997. "Defeat and Success as Promoters of Party Change: the Hungarian Socialist Party after Two Abrupt Changes." *Party Politics.* Vol. 3, No. 3, 427-444.

Bennett, Stephen E. 1986. *Apathy in America, 1960-1984: Causes and Consequences of Citizen Political Indifference.* New York: Transnational Publishers.

Bielasiak, Jack. 2002. "The Institutionalization of Electoral and Party Systems in Postcommunist States." *Comparative Politics.* Vol. 34, No. 2, 189-210.

Biezen, Ingrid van. 2000. "On the Internal Balance of Party Power: Party Organizations in New Democracies." *Party Politics.* Vol. 6, No. 4, 395-417.

_____. 2003. *Political Parties in New Democracies: Party Organization in Southern and East-Central Europe.* New York: Palgrave.

Bjornskov, Christian. 2007. "Determinants of Generalized Trust: A Cross-Country Comparison." *Public Choice.* Vol. 130, No. 1, 1-21.

Brehm, John, and Wendy Rahn. 1997. "Individual-Level Evidence for the Causes and Consequences of Social Capital." *American Journal of Political Science.* Vol. 41, No. 3, 999-1023.

Brody, Richard A. and Benjamin I. Page. 1973. "Indifference, Alienation and Rational Decisions: the effects of Candidate Evaluations on Turnout and the Vote." *Public Choice.* Vol. 15, 1-17.

Carothers, Thomas. 2002. "The End of the Transition Paradigm." *Journal of Democracy.* Vol. 13, No. 1, 5-21.

Citrin, Jack. 1974. "Comment: The Political Relevance of Trust in Government." *American Political Science Review.* Vol. 68, No. 3, 973-988.

Converse, Philip E. 1964. "The Nature of Belief Systems in Mass Publics." In David E. Apter, ed. *Ideology and Its Discontents*. New York: The Free Press of Glencoe, 206-261.

_____. 2006. "Democratic Theory and Electoral Reality." *Critical Review*. Vol. 18, 297-329.

Dalton, Russell J. 2002. "The Decline of Party Identifications." In Russell J. Dalton and Martin P. Wattenberg, eds. *Parties without Partisans: Political Change in Advanced Industrial Democracies*. Oxford University Press, 19-36.

Dalton, Russell J. and Martin P. Wattenberg. 2002. "Partisan Change and the Democratic Process." In Russell J. Dalton and Martin P. Wattenberg, eds. *Parties without Partisans: Political Change in Advanced Industrial Democracies*. Oxford University Press, 261-284.

Dalton, Russell J. 2009. *The Good Citizen*. Irvine: University of California.

Dalton, Russell J., David M. Farrell, and Ian McAllister. 2011. *Political Parties and Democratic Linkage: How Parties Organize Democracy*. New York: Oxford University Press.

Dalton, Russell J., Ian McAllister and Martin P. Watternberg. 2009. "The Consequences of Partisan Dealignment." In Russell J. Dalton and Martin P. Wattenberg, eds. *Parties without Partisans: Political Change in Advanced Industrial Democracies*. New York: Oxford University Press.

Davis, Steve, Larry Elin and Grant Reeher. 2002. *Click on Democracy: The Intenret's Power to Change Political Apathy into Civic Action*. Cambridge: Westview.

Delhey, Jan, Kenneth Newton and Christian Welzel. 2011. "How General is Trust in "Most People"? Solving the Radius of Trust Problem." *American Sociological Review*. Vol. 76, No. 5, 786-807.

Delpa, P. and P. Tops. 1995. "Political Parties in the Digital Era: The technological challenge?" In W.B.H.J. Van De Donk, I.Th.M. Snellen and P.W. Tops, eds.

Orwell in Athens: A Perspective on Information and Democracy. Amsterdam: IOS Press.

Druckman, James N., Erik Peterson and Rune Slothuus. 2013. "How Elite Partisan Polarization Affects Public Opinion Formation." *American Political Science Review.* Vol. 107, No. 1, 57-79.

Düvell, Frank. 2012. "Transit Migration: A Blurred and Politicised Concept." *Population, Space and Place.* Vol. 18, No. 3, 415-527.

Dworkin, A. and R. Dworkin. 1999. *The Minority Report: An Introduction to Racial, Ethnic, and Gender Relations.* Harcourt Brace College Publishers.

Eger, Maureen A. 2009. "Even in Sweden: The Effect of Immigration on Support for Welfare State Spending." *European Sociological Review.* Vol. 26, No. 2, 203-217.

Epstein, Leon. 1986. *Political Parties in the American Mold.* Madison: University of Wisconsin Press.

Farrell, David M. and Paul Webb. 2009. "Political Parties as Campaign Organization." In Russell J. Dalton and Martin P. Wattenberg, eds. *Parties without Partisans: Political Change in Advanced Industrial Democracies.* New York: Oxford University Press.

Fiorina, Morris P. and Samuel J. Abrams. 2009. *Disconnect: The Breakdown of Representation in American Politics.* Norman: University of Oklahoma Press.

Fiorina, Morris P., Samuel J. Abrams and Jeremy C. Pope. 2006. *Culture War? The Myth of a Polarized America,* 2nd ed. New York: Pearson Longman.

Fukuyama, Francis. 1995. *Trust: The Social Virtues and the Creation of Prosperity.* New York: Free Press.

Hanley, Seán. 2001. "Towards Breakthrough or Breakdown? The Consolidation of KSCM as a Neo-Communist Successor Party in the Czech Republic." *Journal of Communist Studies and Transition Politics.* Vol. 17, No. 3, 96-116.

Herrera, Richard. 1999. "The Origins of Opinion of American Party Activists."

Party Politics. Vol. 5, No. 2, 237-252.

Hetherington, Marc J. 1999. "The Effect of Political Trust on the Presidential Vote, 1968-96." *American Political Science Review.* Vol. 93, No. 2, 311-326.

_____. 2001. "Resurgent Mass Partisanship: The Role of Elite Polarization." *American Political Science Review.* Vol. 95, No. 3, 619-631.

Hetherington, Marc J. and Suzanne Globetti. 2002. "Political Trust and Racial Policy Preferences." *American Journal of Political Science.* Vol. 46, No. 2, 253-275.

Hibbing, John R. and Elizabeth Theiss-Morse, eds. 2001. *What is it About Government that Americans Dislike?* Cambridge: Cambridge University Press.

Hicken, Allen and Erik Martinez Kuhonta. 2011. "Shadows from the Past: Party System Institutionalization in Asia." *Comparative Political Studies.* Vol. 44, No. 5, 572-597.

Huntington, Samuel P. 1968. *Political Order in Changing Societies.* New Heaven: Yale University Press.

IDEA. 2007. "Effective Party Assistance: Stronger Parties for Better Democracy."

Ishiyama, John T. 1999. "The Communist Successor Parties and Party Organizational Development in Post-Communist Politics." *Political Research Quarterly.* Vol. 52, No. 1, 87-112.

Katz, Richard S. and Peter Mair, eds. 1992. *Party Organizations: A Data Handbook on Party Organizations in Western Democracies, 1960-90.* London: Sage Publications.

Key, V. O. 1964. *Politics, Parties and Pressure Groups.* New York: Crowell.

Kitschelt, Herbert. 1995. "Formation of Party Cleavages in Post-communist Democracies: Theoretical Propositions." *Party Politics.* Vol. 1, No. 4, 447-472.

_____. 2000. "Linkages between Citizens and Politicians in Democratic Polities." *Comparative Political Studies.* Vol. 33, No. 6/7, 845-879.

Kitschelt, Herbert., Zdenka Mansfeldova, Radoslaw Markowski and Gabor Toka.

1999. *Post-Communist Party Systems: Competition, Representation, and Inter-Party Cooperation*. New York: Cambridge University Press.

Kitschelt, Herbert. and Yi-ting Wang. 2014. "Programmatic Parties and Party Systems: Opportunities and Constraints." Nic Cheeseman et al., eds. *Politics Meets Policies: The Emergence of Programmatic Political Parties*. Stockholm, Sweden: International IDEA.

Kubiak, Hieronim. 2007. "Poland's Democratic Left Alliance: Beyond Postcommunist Succession." In Kay Lawson and Peter H. Merkl, eds. *When Parties Prosper: The Uses of Electoral Success*. Colorado: Lynne Rienner Publishers Inc, 61-87.

Lawson, Kay. 1980. "Political Parties & Linkage." In Kay Lawson, ed. *Political Parties & Linkage: A Comparative Perspective*. New Heaven: Yale University Press.

Levendusky, Matthew S. 2010. "Clearer Cues, More Consistent Voters: A Benefit of Elite Polarization." *Political Behavior*. Vol. 32, No. 1, 111-131.

Levi, Margaret and Laura Stoker. 2000. "Political Trust and Trustworthiness." *Annual Review of Political Science*. Vol. 3, 475-507.

Lewis, G. Paul. 2003. "Political Parties." In Stephen White, Judy Batt and Paul G. Lewis, eds. *Developments in Central and East European Politics 3*. Palgrave MacMillan, 153-172.

Lilleker, D. 2013. "Political marketing: Principles and applications." *Journal of Marketing Management*. Vol. 29, 1432-1434.

Lilleker, D., M. Pack and N. Jackson. 2010. "Political parties and Web 2.0: The liberal democrat perspective." *Politics*. Vol. 30, No. 2, 105-112.

Lim, Sunghack. 2011. "Political Parties and Party System in Korea after Democratization: Cartelized Party System and Oscillation between Two Models." In Liang Fook Lye and Wilhelm Hofmeister, eds. *Political Parties, Party Systems and Democratization in East Asia*. New Jersey: World Scientific.

Linz, Juan J. 2002. "Parties in Contemporary Democracies: Problems and Paradoxes." In Richard Gunther, Jose Ramon Montero and Juan J. Linz, eds. *Political Parties: Old Concepts and New Challenges.* New York: Oxford University Press, 291-317.

Linz, Juan J. and Alfred Stepan. 1996. *Problems of Democratic Transition and Consolidation: Southern Europe, South America, and Post-Communist Europe.* Baltimore and London: The Johns Hopkins University Press.

Luna, Juan Pablo., Fernando Rosenblatt and Sergio Toro. 2014. "Programmatic Parties: A Survey of Dimensions and Explanations in the Literature." Nic Cheeseman et al., eds. *Politics Meets Policies: The Emergence of Programmatic Political Parties.* Stockholm, Sweden: International IDEA.

Mainwaring, S. and T. Scully, eds. 1995. *Building Democratic Institutions: Party Systems in Latin America.* Stanford: Stanford University Press.

Mair, Peter. 2009. "The Party System." In Matthew Flinders, Andrew Gamble, Colin Hay and Michael Kenny, eds. *Oxford Handbook of British Politics.* New York: Oxford University Press.

Margolis, M. and D. Resnick. 2000. *Politics as Usual: The Cyberspace 'Revolution'.* Sage Publication.

McAllister, Ian. 2009. "The Personalization of Politics." In Russell J. Dalton and Hans-Dieter Klingerman, eds. *The Oxford Handbook of Political Behavior.* New York: Oxford University Press.

Millard, Frances. 2006. "Poland's Politics and the Travails of Transition after 2001: The 2005 Elections." *Europe-Asia Studies.* Vol. 58, No. 7, 1007-1031.

Miller, Arthur H., Edie Goldenberg and Lutz Erbring. 1979. "Type-Set Politics: Impact of Newspapers on Public Confidence." *American Political Science Review.* Vol. 73, No. 1, 67-84.

Miller, Warren E. 1980. "Disinterest, Disaffection, and Participation in Presidential Elections." *Political Behavior.* Vol. 2, 7-32.

Munck, Gerardo L. and Carol Skalnik Leff. 1997. "Modes of Transition and Democratization: South America and Eastern Europe in Comparative Perspective." *Comparative Politics.* Vol. 29, No. 3, 343-362.

Mutz, Diana C. and Byron Reeves. 2005. "The New Videomalaise: Effects of Televised Incivility on Political Trust." *American Political Science Review* Vol. 99, No. 1, February: 1-17.

Nannestad, Peter. 2008. "What Have We Learned About Generalized Trust, If Anything?" *Annual Review of Political Science.* Vol. 11, 413-436.

Nye, Joseph S., Philip D. Zelikow and David C. King, eds. 1997. *Why People Don't Trust Government.* Cambridge, MA: Harvard University Press.

Page, Benjamin I. m and R. Y. Shapiro. 1992. *The Rational Public: Fifty Years of Trends in Americans' Policy Preferences.* Chicago: University of Chicago Press.

Persily, Nathaniel. 2015. "Stronger Parties as a Solution to Polarization." In Nathaniel Persily, ed. *Solutions to Political Polarization in America.* Cambridge: Cambridge University Press.

Pharr, Susan J. and Robert D. Putnam, eds. 2000. *Disaffected Democracies: What's Troubling the Trilateral Countries?* Princeton: Princeton University Press.

Poguntke, Thomas and Paul Webb, eds. 2007. *The Presidentialization of Politics: A Comparative Study of Modern Democracies.* New York: Oxford University Press.

Przeworski, Adam, eds. 1995. *Sustainable Democracy.* Cambridge: Cambridge University Press.

Roberts, Kenneth M. 2002. "Party-Society Linkage and Democratic Representation in Latin America." *Canadian Journal of Latin American and Caribbean Studies.* Vol. 27, No. 53, 9-34.

Schattschneider, Elmer Eric. 1942. *Party Government.* Transaction Publisheres.

Scheiner, Ethan. 2007. "Clientelism in Japan: the importance and limits of institutional explanations." In Herbert Kitschelt and Steven I. Wilkinson, eds.

Patrons, Clients, and Policies. New York: Cambridge University Press.

Shefter, Martin. 1994. *Political Parties and the State: the American Historical Experience.* Princeton University Press.

Spirova, Maria. 2007. *Political Parties in Post-communist Societies: Formation, Persistence, Change.* Palgrave MacMillan.

Tavits, M. 2005. "The Development of Stable Party Support: Electoral Dynamics in Post-Communist Europe." *American Journal of Political Science.* Vol. 49, No. 2, 283-298.

Uslaner, Eric M. 2002. *The Moral Foundations of Trust.* Cambridge: Cambridge University Press.

Vreese, Clases H. de and Hajo G. Boomgaarden. 2005. "Fear of Immigration and Support for European Intergration." *European Union Politics.* Vol. 6, No. 1, 59-82.

Waller, Michael. 1995. "Adaptation of the Former Communist Parties of East Central Europe: A Case of Social-democratization?" *Party Politics.* Vol. 1, No. 4, 473-490.

Ware, Alan. 2009. *The Dynamics of Two-party Politics.* New York: Oxford University Press.

Zaller, J. 1992. *The Nature and Origins of Mass Opinion.* New York: Cambridge University Press.

井田正道. 2007.『日本政治の潮流: 大統領制化・二大政党化・脱政党』. 東京: 北樹出版.

竹中治堅. 2006.『首相支配−日本政治の変貌』. 東京: 中央公論新社.

中北浩爾. 2012.『現代日本の政党デモクラシー』. 東京: 岩波書店.

待鳥聡史. 2012.『首相政治の制度分析− 現代日本政治の権力基盤形成』. 東京: 千倉書房.

이 책을 기획하고 집필한 정치학자들

윤종빈

현 | 명지대학교 정치외교학과 교수
현 | 미래정치연구소 소장
현 | 재단법인 한국의회발전연구회 상임이사
• 저서 및 논문
『새로운 행정부의 대내외 과제와 전망: 변화와 지속』(공저)(푸른길, 2013), 『2012 대통령선거 구조와 쟁점』(공저)(도서출판 오름, 2013), "한국 유권자의 정치신뢰와 정당일체감"(공저)(『한국정당학회보』, 2015), "한국 정당의 유권자 연계 수준과 정당정치 만족도"(공저)(『한국정당학회보』, 2014)

임성학

현 | 서울시립대학교 국제관계학과 교수
현 | 2015년 한국정당학회장
• 저서 및 논문
"한국 정치의 이념지형: 군집분석 방식으로"(『21세기정치학회보』, 2013), "당정거버넌스와 한국민주주의의 발전"(『동서연구』, 2015), 『변화하는 한국유권자 4』(공편)(동아시아연구원, 2011)

장 훈

현 | 중앙대학교 정치국제학과 교수
전 | 한국의회발전연구회 이사장
전 | 한국정당학회장
• 저서 및 논문
『20년의 실험』(나남, 2010), 『세계화 제2막』(공저)(동아시아연구원, 2009)

강원택

현 | 서울대학교 정치외교학부 교수
현 | 중앙선거관리위원회 선거자문위원
현 | 통일부 정책자문위원
• 저서 및 논문
『대한민국 민주화 이야기: 민주화를 향한 현대한국정치사』(대한민국역사박물관,
2015), 『복지정치의 두 얼굴』(공저)(21세기북스, 2015), 『남북한 젊은 세대의 통
일관』(공저)(서울대학교출판문화원, 2015), 『2014년 지방선거 분석』(공저)(나남,
2015)

김용호

현 | 인하대학교 정치외교학과 교수
현 | 중앙선거관리위원
전 | 한국정치학회 회장
• 저서 및 논문
『한국정당정치의 이해』(나남, 2001), 『북한의 협상 스타일』(인하대학교 출판부,

2004), 『비교정치학 서설』(공저)(법문사, 1999), 『민주주의이론서설: 미국 민주주의의 원리』(역서)(법문사, 1990)

손병권

현 | 중앙대학교 정치국제학과 교수
현 | 선거관리위원회 자문위원
현 | 한국정당학회 자문위원
• 저서 및 논문
『새로운 행정부의 대내외 과제와 전망: 변화와 지속』(공저)(푸른길, 2013), 『한국의 민주주의: 공고화를 넘어서 심화로』(공저)(도서출판 오름, 2012), "정당후보 선발에 관한 주정부 규제의 변천과정: 19세기 후반 이후 직접 예비선거 도입까지의 시기를 중심으로"(『한국정당학회보』, 2015), "한국 선거정치에 있어서 실질적 기회 균등을 위한 제도개선 방안"(『미래정치연구』, 2015)

윤성이

현 | 경희대학교 정치외교학과 교수
현 | 국민대통합위원회 갈등관리포럼 위원
현 | 정부3.0추진위원회 전문위원
• 저서 및 논문
『한국정치: 민주주의·시민사회·뉴미디어』(법문사, 2015), "Another View on the Relationship Between Democratization and Intra-Military Division in South Korea"(공저)(Armed Forces & Society, 2014), "뉴미디어 확산과 선거의 변화"(『한국방송연구』, 2014), "SNS 정치참여 연구 동향"(『정보화정책』, 2013)

장우영

현 | 대구가톨릭대학교 정치외교학과 교수
현 | 국회 입법조사처 조사분석지원위원
현 | 대구경북학회 편집이사

• 저서 및 논문

『한국정당의 미래를 말하다』(공저)(한울, 2015), 『소셜네트워크와 선거』(공저)(한울, 2013), "탈지역주의의 도전과 지역 패권정당체제의 부침: 6회 영남지역 지방선거 평가"(『21세기정치학회보』, 2014), "소셜네트워크 캠페인의 정치적 효과"(공저)(『한국정치학회보』, 2014)

서현진

현 | 성신여자대학교 사회교육과 교수
현 | 교육문제연구소 소장
현 | 한국정당학회 편집위원장

• 저서 및 논문

『이슈를 통해 본 미국정치』(공저)(서울대학교출판문화원, 2014), 『변화하는 한국 유권자 5』(공편)(EAI, 2013), "선거와 정치참여에 대한 미래 유권자 교육의 문제점과 개선방안"(『시민교육연구』, 2015), "동시선거로 실시된 2014년 교육감 선거의 유권자 투표행태에 관한 연구"(『현대정치연구』, 2014)

장승진

현 | 국민대학교 정치외교학과 조교수

• 저서 및 논문

"한국 유권자의 정당일체감과 투표행태: 정당 편향 유권자(partisan leaners)의 특성과 투표선택을 중심으로"(『한국정치연구』, 2015), "인종적(ethnic) 정체성과 정치적 정체성의 만남: 아시아계 미국인들의 정당일체감"(『한국정당학회보』, 2015), "Immigration, Threat Perception, and National Identity: Evidence from South Korea"(공저)(International Journal of Intercultural Relations, 2015), "National Identity, National Pride, and Happiness: The Case of South Korea"(공저)(Social Indicator Research, 2015)

정회옥

현 | 명지대학교 정치외교학과 교수
현 | 미래정치연구소 부소장
• 저서 및 논문
"Minority Policies and Political Participation Among Latinos: Exploring Latinos' Response to Substantive Representation"(Social Science Quarterly, 2013), "Religious involvement and group identification: The case of Hispanics in the United States"(The Social Science Journal, 2014), "한국인의 정당지지와 이민에 대한 태도"(공저)(『한국사회』, 2014)

유성진

현 | 이화여자대학교 스크랜튼학부 교수
현 | 재단법인 한국의회발전연구회 편집이사
• 저서 및 논문
"미국 보수주의의 재편과 정당정치: 골드워터 보수주의와 공화당의 보수화"(『미국학논집』, 2014), "지방선거에서의 정책선거: 한계와 가능성"(『한국정치학회보』,

2014), "정치신뢰와 풀뿌리유권자운동: 티파티운동의 사례를 중심으로"(『미국학논집』, 2013), "오바마 이후 미국의회, 양극화는 완화되었나?"(『한국정당학회보』, 2012)

한의석

현 | 성신여자대학교 정치외교학과 교수
현 | 성신여자대학교 동아시아연구소장
현 | 현대일본학회 연구이사
• 저서 및 논문
『현대 일본의 이해』(공역)(명인문화사, 2015), "일본의 도쿄도지사 선거와 정책 현황 분석: 2000년대 이후를 중심으로"(『일본연구논총』, 2014), "일본 정치의 변화와 정당-유권자 연계"(『한국정치학회보』, 2014)

박경미

현 | 전북대학교 정치외교학과 조교수
현 | 한국정당학회 대외협력이사
현 | 재단법인 한국의회발전연구회 국회연수과정 연수위원
• 저서 및 논문
"Media Use Preference: The Mediationg Role of Communication on Political Engagement"(co-work)(Journal of Pacific Rim Psychology, forthcoming), "이민에 대한 태도와 정치적 지지: 헝가리 사례를 중심으로"(『동서연구』, 2015), "폴란드 유권자의 투표 정당 선택: 2005년 총선 이슈를 중심으로"(『한국과 국제정치』, 2014), "투표에 관한 세 가지 통념에 대한 경험적 분석: 서울시 선거구의 총선결과를 중심으로"(『의정연구』, 2014)

한정훈

현 | 숭실대학교 정치외교학과 교수
현 | 재단법인 한국의회발전연구회 편집위원
현 | 사단법인 한국정당학회 연구이사
• 저서 및 논문
"한국지방선거와 정책투표의 가능성: 후보자 정책에 대한 지역별 유권자 인식을
중심으로"(『평화연구』, 2015), "유럽의회 선거의 지지정당 결정과 범유럽적 요인:
영국의 사례를 중심으로"(『한국정치학회보』, 2015) "Party Politics and the Power
to Report: Information Efficiency in Bicameralism"(Journal of European
Public Policy, 2014)